الدليل الكامل لمقبلاتك

100 وصفة مقبلات لذيذة وسهلة لجميع أنواع المناسبات والمناسبات

سارة جراي

كل الحقوق محفوظة.

تنصل

تهدف المعلومات الواردة في هذا الكتاب الإلكتروني إلى أن تكون بمثابة مجموعة شاملة من الاستراتيجيات التي أجرى مؤلف هذا الكتاب الإلكتروني بحثًا عنها. الملخصات والاستراتيجيات والنصائح والحيل ليست سوى توصيات للمؤلف ، وقراءة هذا الكتاب الإلكتروني لن تضمن أن نتائج المرء ستعكس نتائج المؤلف تمامًا. بذل مؤلف الكتاب الإلكتروني كل الجهود المعقولة لتوفير معلومات حديثة ودقيقة لقراء الكتاب الإلكتروني. لن يكون المؤلف وشركاؤه مسؤولين عن أي خطأ أو سهو غير مقصود قد يتم العثور عليه. قد تتضمن المواد الموجودة في الكتاب الإلكتروني معلومات من جهات خارجية. تشتمل مواد الجهات الخارجية على الآراء التي أعرب عنها أصحابها. على هذا النحو ، لا يتحمل مؤلف الكتاب الإلكتروني المسؤولية أو المسؤولية عن أي مواد أو آراء خاصة بطرف ثالث.

الكتاب الإلكتروني هو حقوق الطبع والنشر © 2022 مع جميع الحقوق محفوظة. من غير القانوني إعادة توزيع أو نسخ أو إنشاء عمل مشتق من هذا الكتاب الإلكتروني كليًا أو جزئيًا. لا يجوز إعادة إنتاج أي جزء من هذا التقرير أو إعادة إرساله بأي شكل تم نسخه أو إعادة إرساله بأي شكل من الأشكال دون إذن كتابي صريح وموقع من المؤلف.

جدول المحتويات

جدول المحتويات 3
المقدمة.. 7
1. فلفل رومي محشي.. 8
2. كرات اللحم ملفوفة بيكون.. 10
3.عيد الشكرفطر محشي.. 12
4. Manchego Tortas مع Chorizo 14
5. تفاح مخبوز بالفرن.. 17
6. فلافل مخبوزة 19
7. كرات اللحم بالتوت البري والفلفل الحار.. 21
8. انتشلادا 23
9. كرات اللحم بلسمك بالعسل.. 26
10. بذور القرع المحمص.. 29
11. كرات البطاطس بالسبانخ 31
12. السكر والمكسرات البهارات.. 34
13. لفات بيكون دبوس عجلة.. 37
14. سلطة نباتية كرفس مقبلات 39
15. رقائق البطاطس بالجبنة الرومانية 41
16. فوارة التوت البري وبري بايتس.. 43
17. التين مع بيكون وشيلي.. 46
18. كرات البطاطا المهروسة المقلية.. 48
19. لدغات البطاطا الحلوة 51
20. خبز الذرة بالجبنة تكس مكس 53
21. أسياخ جبن تورتيليني.. 56
22. كرات اللحم المسطحة على طراز توسكان.. 58
23. لدغات الرافيولي المخبوزة.. 61
24. سلايدر كرات اللحم المحمص بالثوم.. 64
25. مزرعة الخنازير الجبن في بطانية 66

3

26. وعاء الوجبات الخفيفة البروتين الأخضر 69	
27. لدغات مافن الكينوا 71	
28. ألواح البروتين النباتي 73	
29. لدغات PB و J الطاقة 75	
30- حمص بالجزر المحمص 77	
31- لوح الكينوا المنتفخ 79	
32. ادامامي الغطس 81	
33. أكواب ماتشا الكاجو 83	
34. قطع شوكو الحمص 85	
35. قطع الموز 87	
36. دونات البروتين 90	
37. كرات اللوز البسكويت 93	
38. التوفو بالعسل والسمسم 95	
39. مخلل الفلفل الحار 98	
40. سكولا دي بيتزا 100	
41. بوريكوتا مع بيبروناتا وأوريجانو 103	
42. البطاطا والبيض ولحم الخنزير المقدد 106	
43. ستراكينو مع الخرشوف والليمون والزيتون 108	
44. بيانكا مع فونتينا و موزاريلا و سيج 113	
45. كرات البيتزا 116	
46. لقيمات الدجاج الايطالية 119	
47. كرات أرانشيني 121	
48. الناتشوز الإيطالي 125	
49. رولات بيبروني الايطالية 128	
50. تشيزي جاليت مع سلامي 131	
51. فطائر موزاريلا معكرونة 133	
52. أسياخ جبن تورتيليني 136	
53. كرات اللحم المسطحة على طراز توسكان 138	
54. سلايدر كرات اللحم المحمص بالثوم 140	
55. أكواب بيتزا سيتان 142	

56. فطائر روبيان مقرمشة	145
57. طماطم محشية	148
58. فطائر سمك القد بالملح مع الأيولي.	150
59. كروكيت الجمبري	152
60. بطاطس متبلة مقرمشة	156
61. جمبري غامبا	158
62. صلصة الخل بلح البحر	160
63. فلفل محشي أرز	162
64. كاليماري مع إكليل الجبل وزيت الفلفل الحار.	165
65. سلطة تورتيليني	168
66. سلطة باستا كابريزي	170
67. بلسمك بروشيتا	172
68. الماكريل المشوي	175
69. روبيان مشوي ملفوف في لحم مقدد ...	178
70. أكواب الشواء	181
71. صدر حمام ملفوف ومشوي	183
72. كرات اللحم المشوية	185
73. مقبلات الشواء الكورية	187
74. مقبلات الدجاج المشوي	189
75. قطع الشواء	191
76. محار مدخن بغطاء فطر	193
77. شواء كيلباسا	196
78. اشوي البطاطس المخبوزة	198
79. الهليون المشوي	200
80. فطر بورتوبيللو مشوي	202
81- فلفل محشي مشوي	204
82. روبيان محشي بالبيستو	206
83. شواء الناتشوز	209
84. كرات اللحم الخريف	211
85. كرات اللحم ستروجانوف	213

86. كرات اللحم الكاريبي	....	215
87. كرات اللحم الكاري	....	218
88. كرات اللحم بالبصل الفرنسي	....	221
89. كرات اللحم القيقب	....	223
90. فطيرة كرات اللحم الراعي	....	225
91. فطيرة كرات اللحم السباغيتي	....	228
92. كرات اللحم الآسيوية بذيذة	....	231
93. كرات اللحم وصلصة السباغيتي	....	234
94. كرات اللحم مع النودلز في اللبن	....	237
95. ستراتشاتيل مع كرات اللحم	....	239
96. شوربة كرات اللحم والرافيولي	....	242
97. حساء اللحم البلغاري	....	245
98. كرات اللحم والنقانق	....	248
99. مانهاتن كرات اللحم	....	250
100. كرات اللحم الفيتنامية	....	252
استنتاج	....	254

المقدمة

المقبلات هي أطعمة تُقدم عادة قبل الوجبة ، أو بين أوقات الوجبات ، وتسمى أيضًا المقبلات ، أو المقبلات ، أو المقبلات ، وقد تتراوح من البسيط جدًا إلى المعقد جدًا ، اعتمادًا على المناسبة والوقت المخصص لذلك. اصنعهم. إنها مرافقة شائعة للمقبلات ، الكوكتيلات التي تُقدم قبل الوجبة.

في العشاء والمآدب وما شابه ذلك ، يمكن تقديم المقبلات قبل الوجبة. هذا أمر شائع بشكل خاص في حفلات الزفاف عندما يستغرق حفل الزفاف والضيوف بعض الوقت للوصول إلى حفل استقبال بعد عقد الزواج. يمكن تقديم المقبلات في الحفلات الطويلة التي تحدث بعد تناول وجبة منتظمة. قد تشتمل حفلة منتصف بعد الظهر حيث لا توجد نية لتقديم العشاء ، أو حفلة مسائية بعد العشاء ، على المقبلات حتى يتمكن الضيوف من الحصول على فرصة لتناول وجبة خفيفة. تتميز العديد من المطاعم بمجموعة من المقبلات التي يتم طلبها قبل الوجبة مباشرة كطبق أول.

يجب أن تكون المقبلات كبيرة من حيث النكهة وصغيرة الحجم والسعر. يجب أن يكون للمقبلات نكهة مميزة ولذيذة وخصائص تثير الشهية. تلعب الأطعمة المخللة والمملحة والأحماض والفلفل والبابريكا دورًا بارزًا في تصنيعها. المحار الخام والبطلينوس والجريب فروت والبطيخ وكوكتيلات الفاكهة والمقبلات والسندويشات الصغيرة المنتشرة مع معاجين السردين والأنشوجة والكافيار وجراد البحر ولحوم السلطعون والجبن والزيتون وغيرها من الخلطات ذات النكهة العالية والبيض المهروس والسلطات النضرة الصغيرة ، قد تكون جميعها المدرجة دون تحيز في قائمة المقبلات. في أجزاء من الولايات المتحدة ، يبدأ العشاء دائمًا بالسلطة كمقبلات.

1. فلفل رومي محشي

المحصول: 6 حبات فلفل محشي

مكونات
- 6 فلفل أحمر كبير
- 1 رطل شرائح الفطر ،
- 1 ملعقة صغيرة زيت جوز الهند
- كوب فتات خبز الذرة
- 1 ملعقة كبيرة زيت نخالة الأرز
- 1 كوب شمندر طازج مقشر ومبشور
- $\frac{1}{2}$ بصل مقطع شرائح رقيقة
- 1 كوب مرق الخضار

الاتجاهات:

a) سخني الفرن إلى 375 درجة فهرنهايت.

b) في مقلاة ، سخني زيت جوز الهند واقلي الفطر.

c) قم بإزالة رؤوس كل فلفل. أزل حواجز الفلفل ونظفها.

d) في وعاء كبير ، اخلطي جميع المكونات الأخرى. الموسم الى الذوق مع الملح والفلفل.

e) احشي الفلفل بالخليط ورتبيه في صينية للخبز قريبة من بعضها.

f) ضع 1 بوصة من الماء الساخن في قاع المقلاة.

g) اخبزيها لمدة 45 دقيقة.

h) ارفعي المقلاة عن النار وقدميها.

2. كرات لحم ملفوفة باللحم المقدد

المحصول: 10

مكونات
- 1 عبوة (26 أونصة) كرات لحم
- 1 عبوة من لحم الخنزير المقدد ، مقطعة إلى شرائح
- 1 زجاجة من صلصة الباربيكيو بالعسل

الاتجاهات:

a) سخني الفرن على 400 درجة فهرنهايت.

b) ضع ورقة خبز مقاس 17 × 11 بوصة بورق زبدة.

c) لف ثلث شريحة لحم الخنزير المقدد حول كل كرة لحم واربطها بعود أسنان.

d) ضعي كرات اللحم الملفوفة في طبقة واحدة على ورق الزبدة واخبزيها لمدة 20-25 دقيقة ، أو حتى ينضج اللحم المقدد.

e) تُرفع كرات اللحم من المقلاة وتُدهن بصلصة الباربيكيو بالعسل.

f) كراميل صلصة الباربكيو بإعادة كرات اللحم إلى الفرن لمدة 5 دقائق إضافية.

3. عيد الشكر فطر محشي

المحصول: 4

مكونات
- 8 كريميني كبير أو فطر أبيض
- كوب دقيق ذرة
- 1 كوب حليب جوز الهند
- 1 كوب بنجر أحمر مبشور
- كوب جزر مبشور

الاتجاهات:

a) قم بإزالة السيقان من الفطر ، وفرشها ، واغسلها ، ثم ضع جانبها المستدير لأعلى على ورقة خبز لتحميصها لمدة 5 دقائق عند 475 درجة فهرنهايت.

b) يُمزج الفطر ، ووجبة الذرة ، والبنجر ، والجزر ، وحليب جوز الهند في محضر الطعام.

c) اطهي الحشوة لمدة 5 دقائق في مقلاة صغيرة. يُهرس في عجينة.

d) أخرجي الأغطية من الفرن وضعي ملعقة واحدة بحجم كرة الجولف من الحشوة في كل غطاء فطر.

e) سخني الفرن إلى 400 درجة فهرنهايت واخبزي أغطية الفطر المحشوة لمدة 15 دقيقة.

f) أخرجيها من الفرن وزينيها بالريحان وقدميها على الفور.

4. تورتاس مانشيجو مع تشوريزو

المحصول: 16 حصة

مكونات
- نصف كوب لوز مقطع محمص
- 2 ملاعق كبيرة خل شيري
- ملعقة صغيرة زعتر مجفف
- نصف ملعقة صغيرة ملح
- $\frac{1}{4}$ ملعقة صغيرة فلفل أحمر مطحون
- 1 ملعقة طعام شيبوتلي تشيلي
- 2 حبة كبيرة فليفلة حمراء محمصة ومعلبة
- 1 فص ثوم
- نصف كوب زيت زيتون بكر ممتاز
- 3 رقائق ساندويتش من القمح الكامل
- 2 أونصة جبن مانشيجو ، محلوق
- 4 أوقيات. كوريزو إسباني ، مقطعة إلى 32 شريحة
- نصف كوب من أوراق البقدونس ذات الأوراق المسطحة

الاتجاهات:

a) سخن الفرن للشواء.

b) اخفقي المكونات الثمانية الأولى (حتى الثوم) حتى تمتزج جيدًا.

c) أثناء تشغيل محضر الطعام ، قم برش الزيت ببطء في الزيت واخفقه حتى يصبح ناعمًا.

d) باستخدام قطاعة بسكويت دائرية حادة ، اقطع 32 دائرة (4/1 بوصة) من حلقات الساندويتش.

e) ضعي الخبز على صينية الخبز في طبقة واحدة ووزعيها بالجبن بالتساوي.

f) اشويها لمدة 3 دقائق ، أو حتى تذوب الجبن. أخرج الطبق من الفرن.

g) أضف 1 شريحة كوريزو ، وربع ملعقة صغيرة من الروميسكو ، وورقة بقدونس لكل منها.

5. تفاح مخبوز بالفرن

المحصول: 4

مكونات:

- 4 حبات تفاح كبيرة ، منزوعة البذور
- 4 ملاعق كبيرة من السكر البني
- 1 ملعقة صغيرة من دبس السكر الأسود
- 1 ملعقة كبيرة سكر أبيض عضوي
- 8/1 ملعقة صغيرة قرفة
- 1 ملعقة صغيرة زيت جوز الهند
- 4/1 كوب جوز مفروم ناعم
- 1 ملعقة كبيرة تمر مفروم أو زبيب
- 4/1 كوب ماء ساخن

الاتجاهات:

a) في وعاء للخلط ، اخلطي جميع المكونات ماعدا الماء حتى تتكون عجينة.

b) املأ نصف المقلاة بالماء وأضف التفاح.

c) ضعي العجينة في وسط كل تفاحة

d) اخبزيها لمدة 30 دقيقة عند 350 درجة فهرنهايت ، مع التحقق من الرقة باستخدام سيخ.

e) صب السائل في مقلاة وقلله إلى شراب عن طريق غليه.

f) يرش التفاح مع القطر ويقدم.

6. فلافل مخبوزة

المحصول: 8

مكونات

- 15-19 أوقية. يمكن تصريف الحمص
- 1 بصلة صغيرة مفرومة
- 2 فص ثوم مفروم
- 1 ملعقة كبيرة بقدونس طازج مفروم
- 2 ملاعق كبيرة دقيق لجميع الأغراض
- 1 ملعقة صغيرة كزبرة
- 1 ملعقة صغيرة كمون
- 2/1 ملعقة صغيرة من مسحوق الخبز والملح والفلفل
- 2 ملاعق كبيرة زيت زيتون

الاتجاهات:

a) سخن الفرن على حرارة 350 درجة فهرنهايت.

b) امزج جميع المكونات في محضر الطعام لتكوين قوام يشبه العجينة السميكة.

c) تُلف على شكل كرات بحجم بنج بونج وتوضع في طبق خَبز مُدهَّن بالزيت.

d) اخبزيها لمدة 15-20 دقيقة ، مع التقليب في منتصف الطريق.

7. كرات اللحم بالتوت البري والفلفل الحار

المحصول: 8

مكونات

- 1 عبوة (12 أونصة) كرات اللحم الإيطالية
- 16 أوقية. يمكن صلصة التوت البري الهلام
- 3/1 كوب صوص حار
- 1 ملعقة كبيرة خردل ديجون

الاتجاهات:

a) سخني صلصة التوت البري وصلصة الفلفل الحار وخردل ديجون في قدر بطيء.

b) قلب كرات اللحم مع الصلصة لتغلفها.

c) يُطهى على حرارة عالية لمدة 3 إلى 4 ساعات ، أو على نار خفيفة لمدة 5 إلى 6 ساعات. تخدم.

8. انتشلادا

المحصول: 4

مكونات
- 1½ كوب ديك رومي مطبوخ ومقطع مكعبات
- كوب بصل أخضر مقطع
- 1 كوب جبن جاك مبشور
- 4 أوقيات. الفلفل الحار المجفف
- نصف كوب كريمة حامضة أو زبادي سادة
- 2 ملاعق كبيرة زيت
- كوب بصل مقطع
- 1 فص ثوم مفروم
- 2 ملاعق صغيرة من مسحوق الفلفل الحار
- ربع كوب صلصة طماطم
- نصف كوب مرق دجاج
- 1 ملعقة صغيرة كمون
- نصف ملعقة صغيرة ملح حسب الرغبة
- 8 تورتيلا ذرة
- زيت ، جبن إضافي
- أفوكادو للتزيين

الاتجاهات

a) سخني الفرن إلى 375 درجة فهرنهايت.

b) اخلطي الديك الرومي والبصل الأخضر والجبن والفلفل الحار والقشدة الحامضة أو الزبادي معًا في طبق للخلط وضعيها جانبًا.

c) يُقلى البصل في الزيت في مقلاة أو مقلاة حتى ينضج قليلاً. نضيف الثوم ونخلط جيدا. دقيقة واحدة من الطهي.

d) أضف مسحوق الفلفل الحار وصلصة الطماطم والمرق والكمون والملح. يغلى المزيج مع التحريك من حين لآخر. إزالة عموم من الحرارة.

e) تقلى التورتيلا بالزيت حتى تصبح طرية وليست مقرمشة.

f) ضعي طبقة رقيقة من الحشوة على كل تورتيلا ولفيها.

g) في طبق الخبز ، ضع جانب اللحام لأسفل. تواصل مع التورتيلا المتبقية.

h) تُوزّع الصلصة المتبقية على الوجه وتُضاف جبنة إضافية.

i) اخبزيها لمدة 10-15 دقيقة.

j) قدميها مع الأفوكادو كزينة.

9. كرات لحم بلسميك بالعسل

المحصول: 6

مكونات

- 1 عبوة (22 أونصة) كرات اللحم الإيطالية
- 2/1 كوب خل بلسمي
- 4/3 كوب كاتشب
- 2/1 كوب سكر بني
- 4/1 كوب عسل
- 1 ملعقة كبيرة صلصة رسيستيرشاير
- 1 ملعقة كبيرة خردل ديجون
- 4/1 ملعقة صغيرة بودرة ثوم
- ملح وفلفل أسود حسب الرغبة

الاتجاهات:

a) يُمزج الخل البلسمي والكاتشب والسكر البني والعسل وصلصة رسيستيرشاير وخردل ديجون ومسحوق الثوم والملح والفلفل في قدر كبير على نار متوسطة عالية. يغلى المزيج مع التحريك من حين لآخر.

b) يُترك على نار خفيفة لمدة 45 دقيقة ، أو حتى تتكاثف الصلصة وتفقد لقمة الخل.

c) في غضون ذلك ، قم بإعداد كرات اللحم وفقًا لتوجيهات العبوة.

d) قلبي كرات اللحم المطبوخة في الصلصة برفق لتغطيها.

e) تقدم مع المسواك على الفور.

10. بذور القرع المحمص

المحصول: 1 2/1 كوب

مكونات

- 2 كوب بذور قرع بلوط مع لب
- 1 ملعقة كبيرة زيت زيتون بكر ممتاز
- 2/1 ملعقة صغيرة ملح خشن

الاتجاهات:

a) سخني الفرن على درجة حرارة 300 درجة فهرنهايت.

b) تُمزج جميع المكونات في وعاء خلط كبير وتنتشر في طبقة واحدة على صينية خبز مبطنة بالورق.

c) اخبزيها لمدة 50 إلى 60 دقيقة مع التحريك كل 15 دقيقة حتى تصبح البذور مقرمشة واللب مكرمل.

d) اتركيه ليبرد تمامًا ، ثم قدميه

11. كرات البطاطس بالسبانخ

المحصول: 24

مكونات

- 10 أوقية. السبانخ المفروم
- 3 أكواب بطاطا مهروسة متبقية
- 2 بيض
- 4/1 ملعقة صغيرة جوزة الطيب
- 4/1 ملعقة صغيرة فلفل حريف
- 1 كوب جبن جاك بالفلفل المبشور
- 2/1 كوب دقيق لجميع الأغراض
- الملح والفلفل حسب الذوق

الاتجاهات:

a) سخني الفرن إلى 450 درجة فهرنهايت.

b) تُمزج البطاطس والسبانخ والبيض في وعاء خلط متوسط الحجم حتى تصبح ناعمة. يتبل بجوزة الطيب والفلفل الحار حسب الرغبة.

c) أضيفي الجبن و 4 ملاعق كبيرة طحين. قلبي حتى يتجانس الطحين.

d) يُوزّع باقي الدقيق على طبق ويُتبّل بالملح والفلفل.

e) اصنع كرات بحجم 1 بوصة من خليط السبانخ.

f) تُغطى الكرات بالدقيق وتوضع على صينية الخبز المُعدّة.

g) ضعي الصينية في الثلاجة لمدة 20 دقيقة.

h) أخرجي الكرات من الثلاجة وغطيها برفق برذاذ الطهي.

i) اخبزيها لمدة 12 إلى 14 دقيقة ، أو حتى يصبح لونها بنياً ذهبياً وثابتاً.

j) قدميها سادة أو مع رشها بعصير الليمون.

12. السكر والمكسرات البهارات

الكمية: 3 أكواب

مكونات

- 1 كوب كاشو
- 1 كوب بقان أنصاف
- 1 كوب فول سوداني محمص جاف
- 1 بياض بيضة مخفوقة قليلاً
- 4/1 كوب سكر بني فاتح معبأ
- 2/1 ملعقة صغيرة قرفة مطحونة
- 4/1 ملعقة صغيرة فلفل أحمر مطحون
- 2/1 كوب توت بري مجفف

الاتجاهات:

a) سخني الفرن إلى 325 درجة فهرنهايت.

b) باستخدام رذاذ الطهي ، قم بتغطية صينية خبز مطوية.

c) يُمزج الكاجو والجوز والفول السوداني في وعاء خلط كبير. قلبي بياض البيض لتغطي المكسرات بالتساوي.

d) أضف السكر والقرفة والفلفل الأحمر المطحون إلى خليط الجوز. قلبي حتى تتغطى جميع المكسرات بالتساوي ، ثم افردها على صينية الخبز في طبقة واحدة.

e) اخبزيها لمدة 18 إلى 20 دقيقة مع التحريك حتى المنتصف. تركه يبرد.

f) قلبي التوت البري المجفف بالمكسرات وقدميه على الفور.

13. لفات بيكون دبوس عجلة

المحصول: 12

مكونات

- 1 عبوة (8 أونصات) رولات هلال
- 4/1 كوب قطع لحم مقدد
- 2 بصل أخضر مقطع إلى شرائح رفيعة
- جبن بارميزان للرش

الاتجاهات:

a) سخني الفرن إلى 375 درجة فهرنهايت.

b) افرد العجينة واضغط على اللحامات معًا.

c) وزعي قطع لحم الخنزير المقدد والبصل الأخضر على العجينة.

d) لفها وقطعها إلى شرائح بسماكة 1 بوصة.

e) ضع الجانب المقطوع لأسفل على صينية خبز مدهونة بالزيت.

f) اخبزيها لمدة 9 إلى 11 دقيقة أو حتى يصبح لونها بنياً ذهبياً.

g) أخرجي صينية الخبز من الفرن وضعي الجبن فوقها.

h) تخدم على الفور.

14. مقبلات سلطة الكرفس النباتية

المحصول: 4

مكونات

- 1 كوب من سيقان الكرفس المفروم
- 1 ملعقة كبيرة مخلل مفروم
- 1 ملعقة كبيرة مايونيز نباتي
- نصف كوب زيتون أسود
- 1 ملعقة كبيرة قبر
- فلفل أسود حسب الرغبة

الاتجاهات:

a) في وعاء خلط كبير ، اجمع كل المكونات حتى تحصل على قوام يشبه العجينة.

b) تُسكب ملعقة كبيرة من المزيج على بسكويت أو ورقة خس.

c) أضف زيتونًا إلى البسكويت ، أو لف ورق الخس فوق سلطة الكرفس وثبته بعود أسنان.

d) تقدم على طبق كبير.

15. رقائق البطاطس بالجبنة الرومانية

المحصول: 8 حصص

مكونات

- 1 رقائق بطاطس (8 أونصات)
- 1 2/1 كوب بيكورينو ، مبشور ناعماً
- 1 ملعقة كبيرة فلفل أسود مطحون

الاتجاهات:

a) سخني الفرن إلى 425 درجة فهرنهايت.

b) رتبي رقائق البطاطس في طبقة واحدة على صينية خبز مطوية.

c) رشي نصف كمية الجبن بالتساوي على الرقائق.

d) اخبزيها لمدة 4 دقائق ، أو حتى تذوب الجبن وتبدأ الرقائق في التلوين حول الحواف.

e) نخرجه من الفرن ويعلوه ما تبقى من الجبن والفلفل.

f) توضع جانباً لتبرد قبل نقلها إلى وعاء التقديم.

16. فوار التوت البري و بري بايتس

المحصول: Bites 16

مكونات

- 2 كوب توت بري طازج مغسول
- 1 كوب شراب القيقب الجيد
- 1 كوب سكر حبيبي
- 16 مفرقعة مياه
- 8 أونصات جبن بري
- 2/1 كوب من نكهة التوت البري
- نعناع طازج للتزيين

الاتجاهات:

a) في قدر صغير ، سخني الشراب وصبي التوت البري فوقه.

b) باستخدام الملعقة ، قم بتدويرها برفق لتغطية كل حبات التوت. اتركيه ليبرد ، ثم غطيه ، ثم انقعيه طوال الليل في الثلاجة.

c) صفي التوت البري في مصفاة في اليوم التالي.

d) تُلف نصف حبات التوت البري في السكر حتى تغطى قليلاً ؛ كرر مع التوت البري المتبقي.

e) توضع على صينية خبز وتترك جانباً لمدة ساعة حتى تجف.

f) للبناء ، ضع شريحة واحدة من Brie ، وطبقة خفيفة من صلصة التوت البري ، وأربع أو خمس حبات توت بري فوق البسكويت.

g) يُضاف النعناع الطازج كزينة.

17. التين مع بيكون وشيلي

المحصول: 8

مكونات

- 5 أونصات من لحم الخنزير المقدد ، مقطّع إلى شرائح
- 3 ملاعق كبيرة من شراب القيقب النقي
- 8 حبات من التين الطازج ، نصفين بالطول
- 2 ملاعق كبيرة خل شيري
- 2/1 ملعقة صغيرة من رقائق الفلفل الأحمر المطحون

الاتجاهات:

a) في مقلاة كبيرة غير لاصقة ، تُطهى قطع لحم الخنزير المقدد حتى يصبح لونها بنيًا ومقرمشًا ، حوالي 8-10 دقائق. اجلس جانبا.

b) سخني شراب القيقب في نفس المقلاة على نار متوسطة عالية.

c) ضعي التين في طبقة واحدة على المقلاة ، وقطعي جانبها.

d) يُطهى لمدة 5 دقائق ، مع التقليب بانتظام ، حتى ينضج التين إلى حد ما ويتكرمل.

e) ضع التين المقطوع على الجانب على طبق واضغط على قطع من لحم الخنزير المقدد على سطح كل تين.

f) يُضاف لحم الخنزير المقدد ورقائق الفلفل والخل مع التحريك لدمجها.

g) يُترك على نار خفيفة ويُطهى مع التحريك المستمر لمدة دقيقة تقريبًا.

18. كرات البطاطا المهروسة المقلية

المحصول: 5

مكونات

- 3 أكواب بطاطا مهروسة متبقية
- 3 شرائح لحم مقدد مطبوخ ومفتت
- 3/2 كوب جبن شيدر مبشور
- 2 ملاعق كبيرة ثوم المعمر شرائح رقيقة
- 2/1 ملعقة صغيرة بودرة ثوم
- الملح كوشير
- فلفل أسود مطحون طازجاً
- 2 بيضة مخفوقة
- 1 3/1 ج. فتات خبز البانكو
- زيت نباتي للقلي

الاتجاهات:

a) ضعي البطاطس المهروسة مع لحم الخنزير المقدد المطبوخ ، والجبن الشيدر ، والثوم المعمر ، ومسحوق الثوم في وعاء خلط كبير مع التوابل بالملح والفلفل.

b) قلب حتى تتجانس جميع المكونات.

c) افصل البيض والبانكو في أوعية صغيرة.

d) ضعي 1 إلى 2 كرة من مزيج البطاطا المهروسة ولفي العجين على شكل كرة في يديك ، ثم اغمسيها في البيض والبانكو.

e) في مقلاة كبيرة من الحديد الزهر ، سخني 3 بوصات من الزيت حتى يقرأ مقياس حرارة الحلوى 375 درجة.

f) تقلى كرات البطاطس حتى يصبح لونها بنياً ذهبياً من جميع الجوانب ، لمدة 2 إلى 3 دقائق.

g) صفيها على طبق مبطن بمنشفة ورقية وتبليها بملح إضافي.

19. لدغات البطاطا الحلوة

المحصول: 8-6

مكونات

- 4 حبات بطاطا مقشرة ومقطعة إلى شرائح
- 2 ملاعق كبيرة زبدة مذابة
- 1 ملعقة صغيرة شراب القيقب
- الملح كوشير
- 1 (10 أونصة) كيس أعشاب من الفصيلة الخبازية
- 2/1 ج. نصفين البقان

الاتجاهات:

a) سخني الفرن على 400 درجة فهرنهايت.

b) تُقلب البطاطا الحلوة مع الزبدة المذابة وشراب القيقب على صينية خبز كبيرة وترتيبها في طبقة متساوية. يتبل بالملح والفلفل.

c) اخبزيها حتى تصبح طرية ، حوالي 20 دقيقة ، مع التقليب في منتصف الطريق. إزالة.

d) ضعي فوق كل حبة بطاطا حلوة المارشميلو واشويها لمدة 5 دقائق.

e) قدميه على الفور مع نصف جوز البقان فوق كل أعشاب من الفصيلة الخبازية.

20. خبز الذرة تكس مكس بالجبنة

المحصول: 8

مكونات

- 2/1 كوب زبدة مذابة
- 1 ج. اللبن
- 4/1 ج. عسل
- 2 بيض كبير
- 1 ج. طحين لجميع الاستخدامات
- 1 ج. الذرة الصفراء
- 2 2/1 ملعقة صغيرة بيكنج بودر
- 4/1 ملعقة صغيرة ملح كوشير
- 6 أوقية. جبنة بيبر جاك مكعبات
- الثوم المعمر المفروم الطازج للتزيين

الاتجاهات:

a) زبدة مقلاة آمنة للفرن مقاس 10 أو 12 بوصة وقم بتسخين الفرن مسبقًا إلى 375 درجة.

b) في وعاء خلط متوسط ، اخفقي اللبن الرائب مع الزبدة المذابة والعسل والبيض.

c) يُمزج الدقيق مع دقيق الذرة والبيكنج بودر والملح في طبق خلط كبير. اسكبي المكونات المبللة على الجاف واخفقيها حتى تمتزج جيدًا.

d) يُوزّع نصف عجين خبز الذرة في مقلاة مسخنة مسبقًا ويُرش بالتساوي جبن جاك الفلفل فوقها.

e) صب الخليط المتبقي على الجبن ، ونسقه بالتساوي.

f) اخبزيها لمدة 25 إلى 30 دقيقة ، أو حتى تصبح ذهبية اللون وتنضج بالكامل.

g) اتركيه يبرد في المقلاة لمدة 5 دقائق قبل التزيين بالثوم المعمر وتقطيعه إلى مربعات.

21. أسياخ تورتيليني بالجبنة

المحصول: 8

مكونات

- 1 عبوة (12 أونصة) جبن تورتيليني
- 1 كوب طماطم كرزية
- 1 كوب كرات موتزاريلا طازجة
- 4/1 باوند سلامي مقطع رقيق
- 4/1 كوب أوراق ريحان طازجة
- داش بلسمي جليز
- 8 أسياخ خشبية

الاتجاهات:

a) يُغلى قدر كبير من الماء ، ثم يُطهى التورتيليني وفقًا لتوجيهات العبوة.

b) ضعي تورتيليني المطبوخ في مصفاة وغطيه بالماء البارد حتى يصل إلى درجة حرارة الغرفة.

c) اثقب كل قطعة في السيخ وحركها لأسفل إلى أسفل السيخ.

d) قبل التقديم مباشرة ، رتبي الأسياخ على طبق ورشيها بطلاء بلسمي.

22. خبز مسطح على شكل كرات اللحم على الطريقة التوسكانية

المحصول: 4

مكونات

- 1 عبوة (16 أونصة) كرات لحم بتلو
- 4 عجائن من الخبز المسطح
- 4 فصوص ثوم مفروم
- 1 كوب بصل أحمر مقطع شرائح رقيقة
- 2 كوب صلصة مارينارا
- 1 ملعقة طعام زيت زيتون
- 1 ملعقة صغيرة من التوابل الإيطالية الجافة
- 10 أوقية. جبنة موتزاريلا طازجة مقطعة إلى شرائح
- 4 أوقيات. جبن ريكوتا كامل الدسم
- 4 ملاعق كبيرة من الريحان الطازج المقطع إلى شرائح رفيعة

الاتجاهات:

a) سخني الفرن إلى 425 درجة فهرنهايت.

b) اطبخي كرات اللحم حسب التعليمات المدونة على العبوة ثم ضعيها جانبًا.

c) يُسخن زيت الزيتون في مقلاة كبيرة على نار متوسطة ، ثم يُضاف البصل الأحمر والثوم ويُطهى مع التحريك من حين لآخر لمدة 4-5 دقائق ، حتى يصبح شفافًا ورائحته.

d) قم بإعداد الخبز المسطح على ورقة بسكويت مبطنة بورق الزبدة.

e) وزعي نصف كوب من صلصة المارينارا بالتساوي على كل عجينة من الخبز المسطح ، ثم تبليها بالبهارات الإيطالية الجافة.

f) ضعي 5-6 شرائح جبن موزاريلا على كل خبز مسطح.

g) قطّعي كرات اللحم المطبوخة إلى دوائر ووزعيها بالتساوي على كل خبز مسطح. يقسم البصل الأحمر والثوم على كرات اللحم.

h) اخبزي الخبز المسطح لمدة 8 دقائق. أخرجي الخبز المسطح من الفرن ووزعي 4 ملاعق كبيرة من جبن الريكوتا على كل منها ، ثم أعيديها إلى الفرن لمدة دقيقتين إضافيتين لتسخين الريكوتا.

i) أخرجي الخبز المسطح من الفرن ، وغطيه بالريحان الطازج ، واتركيه جانباً لمدة دقيقتين ليبرد.

j) قطع وتقديم على الفور.

23. لدغات الرافيولي المخبوزة

المحصول: 4

مكونات
- 1 عبوة (24 أونصة) جبن دائري رافيولي
- 1 كوب دقيق لجميع الأغراض
- 2 بيض كامل
- 1 ملعقة صغيرة 2% حليب
- 2 كوب بقسماط متبلة
- رذاذ الطبخ
- جبنة بارميزان طازجة للتزيين
- صلصات تقديم اختيارية: مارينارا ، رانش ، صلصة بيتزا ، بيستو ، صلصة فودكا.

الاتجاهات:

a) سخني الفرن على حرارة 450 درجة فهرنهايت.

b) قم بطهي الرافيولي حسب الإرشادات الموجودة على العبوة.

c) قم بتغطية الرف السلكي برذاذ الطهي وضعه على صينية الخبز.

d) في وعاء خلط صغير ، اخلطي الدقيق والبيض والحليب. في وعاء خلط صغير منفصل ، اخلطي فتات الخبز.

e) يُنقع كل رافيولي في الدقيق ويُتخلّص من الدقيق الزائد. بعد ذلك ، تُغطى الرافيولي بالدقيق في خليط البيض المخفوق.

f) أخيرًا ، لف الرافيولي في فتات الخبز. رش جانبي الرافيولي المخبوز برذاذ الطهي قبل وضعه على رف سلكي.

g) تُخبز الرافيولي بالبقسماط لمدة 20-25 دقيقة ، أو حتى يصبح لونها بنياً ذهبياً ومقرمشاً.

h) أخرجيها من الفرن وقدميها على الفور.

24. سلايدر كرات اللحم المحمص بالثوم

المحصول: 8

مكونات

- 1 عبوة (26 أونصة) كرات لحم إيطالية
- 1 جرة صلصة مارينارا
- 1 عبوة توست تكساس مجمدة
- 1 عبوة جبنة موزاريلا مقطعة إلى شرائح
- 8 أوراق ريحان طازجة - مفرومة

الاتجاهات:

a) سخني الفرن على 400 درجة فهرنهايت.

b) تُخبز قطع توست تكساس لمدة 4 دقائق على صينية خبز.

c) أخرجي التوست نصف المخبوز من الفرن وادهني 2 ملاعق كبيرة من صلصة المارينارا على كل شريحة، تليها 6 كرات لحم وشريحة من جبن الموزاريلا. ضعها في مكانها باستخدام سيخ.

d) اخبز لمدة 6 دقائق أخرى.

e) قطعي كل شريحة إلى نصفين ورشيها بأوراق الريحان.

f) تخدم على الفور.

25. خنازير مزرعة الجبن في بطانية

المحصول: 16

مكونات:

- 1 (8 أونصة) عجين هلال
- 16 سجق مدخن
- 8 شرائح جبنة شيدر خفيفة ، مقطعة إلى أرباع
- 4 ملاعق كبيرة زبدة مملحة ذائبة
- 2 ملاعق صغيرة خلطة توابل الرانش الجافة
- 3 ملاعق كبيرة جبن بارميزان مبشور

الاتجاهات:

a) سخني الفرن على 400 درجة فهرنهايت.

b) باستخدام ورق الزبدة ، اصنعي صينية خبز كبيرة.

c) افصلي مثلثات عجينة الهلال باستخدام الشوبك.

d) لعمل 16 مثلثًا أصغر حجمًا ، اقطع كل مثلث إلى نصفين.

e) تُلف قطعة صغيرة من الجبن ، مغطاة بالسجق ، بدءًا من الطرف الأكبر لكل مثلث. رتب على صينية خبز.

f) يُمزج الزبدة مع توابل الرانش في وعاء صغير. قم بالزبدة على شكل هلال على قمع العجينة

g) فوقها رشة من جبنة البارميزان.

h) تُخبز لمدة 14-16 دقيقة ، أو حتى يصبح لون العجين بنياً ذهبياً وينضج جيداً. قدميها على الفور!

26. وعاء الوجبات الخفيفة البروتين الأخضر

مكونات :

- 8 أوقية. حبوب ادامامي مجمدة.
- 8 أوقية. البازلاء المجمدة.
- 4 ملاعق كبيرة سمسم.
- 4 ملاعق كبيرة صلصة الصويا (قليل الصوديوم).
- صلصة الفلفل الحار حسب الرغبة حسب الرغبة.
- الكزبرة ، اختياري.

الاتجاهات :

a) ضع البازلاء المجمدة والإدامامي في وعاء آمن للاستخدام في الميكروويف. ضع القليل من الماء وقم بإذابه في الميكروويف لمدة 30 ثانية تقريبًا حتى يصل إلى درجة حرارة الغرفة.

b) في وعاء أو وعاء أو وعاء صغير ، ضع البذور مع البازلاء والفاصوليا.

c) قلّب صلصة الصويا والفلفل الحار والكزبرة قبل الأكل. يتمتع!

27. لدغات مافن الكينوا

مكونات:

- 1 2/1 كوب كينوا محضر.
- 2 بيضة مخفوقة.
- 2/1 كوب هريس بطاطا حلوة.
- 2/1 كوب فاصوليا سوداء.
- 1 ملعقة كبيرة كزبرة مفرومة.
- 1 ملعقة صغيرة كمون.
- 1 ملعقة صغيرة بابريكا.
- 2/1 ملعقة صغيرة مسحوق ثوم.
- ملح 2/1 ملعقة صغيرة.
- 8/1 ملعقة صغيرة فلفل أسود.
- رذاذ الطبخ.

الاتجاهات:

a) سخني الفرن مسبقًا إلى 350 درجة فهرنهايت ، أضيفي جميع المكونات إلى وعاء كبير واخلطي حتى يتجانس كل شيء.

b) يُسكب المزيج في قوالب المافن باستخدام ملعقة كبيرة ، ويُربت فوق كل واحدة. تُخبز حتى تنضج تمامًا وتتماسك لمدة 15-20 دقيقة.

28. ألواح البروتين النباتي

مكونات:

- 3/1 كوب قطيفة.
- 3 ملاعق كبيرة فانيليا أو مسحوق بروتين نباتي غير منكه.
- 1 2/1-2 ملاعق كبيرة شراب القيقب.
- 1 كوب فول سوداني مملح أو زبدة لوز
- 2-3 ملاعق كبيرة شوكولاتة نباتية داكنة ذائبة.

الاتجاهات:

a) افقع قطيفتك بتسخين قدر كبير على نار متوسطة إلى عالية.

b) يُضاف الفول السوداني أو زبدة اللوز وشراب القيقب إلى وعاء خلط متوسط ويقلب حتى يتكامل.

c) يضاف مسحوق البروتين ويقلب.

d) قم بتضمين قطيفة مفرقعة قليلاً في كل مرة حتى تحصل على قوام "عجين" سائب. كن حذرًا حتى لا تضيف الكثير وإلا فقد تفقد القضبان جاذبيتها ولن تلتصق ببعضها البعض.

e) انقلي المزيج إلى طبق الخبز واضغطي لأسفل لتشكيل طبقة متساوية. ضع ورق زبدة أو غلاف بلاستيكي في الأعلى واستخدم أشياء مسطحة القاع مثل كوب قياس سائل للضغط لأسفل وتحميل الخليط في طبقة معبأة بقوة.

f) انقله إلى الفريزر لضبطه لمدة 10-15 دقيقة أو حتى تتلامس معه الشركة. ثم ارفعها وقطّعها إلى 9 قضبان. تمتع بالبهجة كما هي ، أو رش القليل من الشوكولاتة الداكنة الذائبة.

g) تصبح لينة قليلاً عند مستوى درجة حرارة الغرفة ، لذا احفظها في الثلاجة (حوالي 5 أيام) أو الفريزر.

29. لدغات الطاقة PB و J

مكونات:

- 2/1 كوب زبدة فول سوداني مملحة.
- 4/1 كوب شراب القيقب.
- 2 ملاعق كبيرة مسحوق بروتين نباتي.
- 1 4/1 كوب شوفان خالي من الجلوتين.
- 2 2/1 ملاعق طعام من بذور الكتان.
- 2 ملاعق كبيرة بذور شيا.
- 4/1 كوب فواكه مجففة.

الاتجاهات:

a) إلى وعاء خلط كبير ، أضف زبدة الفول السوداني وشراب القيقب ومسحوق البروتين والشوفان الملفوف ووجبة بذور الكتان وبذور الشيا والفواكه المجففة حسب الاختيار. إذا كانت شديدة الجفاف / متفتتة ، أضف المزيد من زبدة الفول السوداني أو شراب القيقب.

b) برد في الثلاجة لمدة 5 دقائق. استخرج 1 12 ملعقة كبيرة ولفها على شكل كرات. يجب أن تنتج "العجين" حوالي 13-14 كرة.

c) استمتعي على الفور وخزني بقايا الطعام محكمة الغلق في الثلاجة لمدة أسبوع أو في الفريزر لمدة شهر تقريبًا.

30. حمص بالجزر المحمص

مكونات:

- 1 علبة حمص مغسول ومصفى.
- 3 جزر.
- 1 فص ثوم.
- 1 ملعقة صغيرة بابريكا.
- 1 ملعقة كبيرة طحينة محشوة.
- عصير 1 ليمونة
- 2 ملاعق كبيرة من زيت الزيتون البكر الإضافي.
- 6 ملاعق كبيرة ماء.
- 2/1 ملعقة صغيرة مسحوق كمون.
- ملح للتذوق.

الاتجاهات:

a) سخني الفرن إلى 400 درجة فهرنهايت ، اغسلي الجزر وقشريهما وقطعيه إلى قطع صغيرة ، ضعيها في صينية للخبز مع القليل من زيت الزيتون ورشة ملح ونصف ملعقة صغيرة من البابريكا. اخبزيها لمدة 35 دقيقة حتى يصبح الجزر طريًا.

b) أخرجيها من الفرن واتركيها تبرد.

c) بينما يبرد ، قم بتحضير الحمص: اغسل الحمص وصفيه جيدًا وضعه في مطحنة الطعام مع بقية المكونات النشطة وقم بالإجراء حتى ترى مزيجًا جيدًا. ثم نضيف الجزر والثوم ونكرر العملية!

31. شريط كينوا منتفخ

مكونات:

- 3 ملاعق كبيرة زيت جوز الهند.
- 2/1 كوب مسحوق كاكاو خام.
- 3/1 كوب شراب القيقب.
- 1 ملعقة كبيرة طحينة
- 1 ملعقة صغيرة قرفة.
- 1 ملعقة صغيرة مسحوق فانيليا.
- ملح البحر.

الاتجاهات:

a) في مقلاة صغيرة على نار متوسطة منخفضة ، قم بإذابة زيت جوز الهند والكاكاو الخام والطحينة والقرفة وبحر القيقب والشراب وملح الفانيليا معًا حتى يصبح خليط الشوكولاتة أكثر سمكًا.

b) ضعي صلصة الشوكولاتة فوق الكينوا المنبثقة واخلطيها جيدًا. ضع ملعقة كبيرة من مقرمشات الشوكولاتة في أكواب خبز صغيرة.

c) ضعها في الفريزر لمدة لا تقل عن 20 دقيقة لتتصلب. تخزينها في الفريزر والاستمتاع بها!

32. تراجع إدامامي

مكونات:

- 2/1 كوب بصل أحمر مقطع شرائح.
- عصير 1 ليمونة.
- ملح البحر.
- حفنة من الكزبرة.
- طماطم مقطعة (اختياري).
- رقائق الفلفل الحار.

الاتجاهات:

a) فقط نخفق البصل في الخلاط لبضع ثوان. ثم نضيف باقي المكونات النشطة ونخفق حتى يمتزج الإدامامي في أجزاء كبيرة.

b) استمتع بالدهن على الخبز المحمص أو الساندويتش أو الغمس أو صلصة البيستو!

33. أكواب ماتشا كاجو

مكونات:

- 3/2 كوب زبدة كاكاو.
- 4/3 كوب مسحوق كاكاو.
- 3/1 كوب شراب القيقب.
- 2/1 كوب زبدة كاجو ، أو أي نوع تريده.
- 2 ملعقة صغيرة مسحوق ماتشا.
- ملح البحر.

الاتجاهات:

a) املأ قدرًا صغيرًا بثلث كوب من الماء وضع وعاءًا فوقه ، يغطي المقلاة. بمجرد أن يسخن الوعاء ويغلي الماء في الأسفل ، قم بإذابة زبدة الكاكاو داخل الوعاء ، اشعل النار و. بمجرد أن يذوب ، يُرفع عن النار ويُضاف شراب القيقب ومسحوق الكاكاو لبضع دقائق حتى تتكاثف الشوكولاتة.

b) باستخدام حامل كب كيك متوسط الحجم ، املئي الطبقة السفلية بملعقة كبيرة من خليط الشوكولاتة. عندما تملأ جميع حوامل الكب كيك ، ضعها في الفريزر لمدة 15 دقيقة لضبطها.

c) أخرجي الشوكولاتة المجمدة من الفريزر وضعي عليها ملعقة كبيرة من عجينة زبدة الماتشا / الكاجو فوق طبقة الشوكولاتة المجمدة. بمجرد الانتهاء من ذلك ، اسكب الشوكولاتة المذابة المتبقية فوق كل دمية ، بحيث تغطي أي شيء. رشي ملح البحر واتركيه في الفريزر لمدة 15 دقيقة.

34. شرائح شوكو الحمص

مكونات:

- 400 غرام من الحمص المغسول والمصفى.
- 250 جرام زبدة لوز.
- 70 مل شراب القيقب.
- 15 مل معجون فانيليا.
- رشة ملح.
- 2 جرام بيكنج بودر.
- 2 جرام من صودا الخبز.
- 40 جرام رقائق شوكولاتة نباتية.

الاتجاهات:

a) يسخن الفرن إلى 180 درجة مئوية / 350 درجة فهرنهايت.

b) دهن صينية الخبز الكبيرة بزيت جوز الهند.

c) يُمزج الحمص مع زبدة اللوز وشراب القيقب والفانيليا والملح ومسحوق الخبز وصودا الخبز في خلاط الطعام.

d) حتى مزيج سلس. يقلب نصف رقائق الشوكولاتة وينشر الخليط في صينية الخبز المجهزة.

e) يرش برقائق الشوكولاتة المحفوظة.

f) اخبزيها لمدة 45-50 دقيقة أو حتى يخرج عود أسنان نظيف.

g) تبرد على رف سلكي لمدة 20 دقيقة. قطعيها إلى شرائح وقدميها.

35. قضبان الموز

مكونات:
- 130 جرام زبدة فول سوداني ناعمة.
- 60 مل شراب القيقب.
- 1 موزة مهروسة.
- 45 مل ماء.
- 15 جرام بذور الكتان المطحون.
- 95 جرام كينوا مطبوخة.
- 25 جرام من بذور الشيا.
- 5 مل فانيليا.
- 90 جرام شوفان سريع الطهي.
- 55 جرام دقيق قمح كامل.
- 5 جرام من البيكينغ باودر.
- 5 جرام قرفة.
- رشة ملح.

تتصدر:
- 5 مل زيت جوز الهند المذاب.
- 30 جرام شوكولاتة نباتية مفرومة.

الاتجاهات:
a) يسخن الفرن إلى 180 درجة مئوية / 350 درجة فهرنهايت.
b) تُبطن صينية الخبز مقاس 16 سم بورق الزبدة.

c) امزج بذور الكتان والماء في وعاء صغير. توضع جانبا 10 دقائق.

d) في وعاء منفصل ، اخلطي زبدة الفول السوداني وشراب القيقب والموز. أضيفي خليط بذور الكتان.

e) بمجرد الحصول على مزيج ناعم ، أضيفي الكينوا وبذور الشيا وخلاصة الفانيليا والشوفان ودقيق القمح الكامل ومسحوق الخبز والقرفة والملح.

f) يُسكب المزيج في طبق الخبز المُجهز. مقطعة إلى 8 قطع.

g) اخبزيها لمدة 30 دقيقة.

h) في غضون ذلك ، اصنع القمة ؛ تُمزج الشوكولاتة وزيت جوز الهند في وعاء مقاوم للحرارة. يوضع فوق الماء المغلي حتى يذوب.

i) أخرج القضبان من الفرن. ضعه على رف سلكي لمدة 15 دقيقة حتى يبرد. أخرجي القوالب من طبق الخبز ، ورشي عليها طبقة الشوكولاتة. تخدم.

36. دونات البروتين

مكونات:

- 85 جرام دقيق جوز الهند.
- 110 غ من مسحوق بروتين الأرز البني المنبت بنكهة الفانيليا.
- 25 جم دقيق لوز.
- 50 جرام سكر القيقب.
- 30 مل زيت جوز الهند المذاب.
- 8 جرام بيكنج بودر.
- 115 مل حليب صويا.
- 2/1 ملعقة صغيرة خل التفاح.
- 2/1 ملعقة صغيرة معجون فانيليا.
- 2/1 ملعقة صغيرة قرفة.
- 30 مل عصير تفاح عضوي.

إضافي:

- 30 جرام سكر جوز الهند البودرة.
- 10 جرام قرفة.

الاتجاهات:

a) في وعاء ، اخلطي جميع المكونات الجافة.

b) في وعاء منفصل ، اخفقي الحليب مع عصير التفاح وزيت جوز الهند وخل عصير التفاح.

c) تُطوى المكونات المبللة حتى تجف وتُحرّك حتى تمتزج جيدًا.

d) يُسخن الفرن إلى 180 درجة مئوية / 350 درجة فهرنهايت ويُدهن صينية الدونات المكونة من 10 فتحات.

e) ضعي الخليط المحضر بالملعقة في صينية دونات مدهونة بالزبدة.

f) اخبزي الكعك لمدة 15-20 دقيقة.

g) بينما لا تزال الدونات دافئة ، رشي سكر جوز الهند والقرفة. قدميها دافئة.

37. كرات اللوز البسكويت

مكونات:

- 100 جرام وجبة لوز.
- 60 غ من مسحوق بروتين الأرز بنكهة الفانيليا.
- 80 جرام زبدة لوز أو أي زبدة مكسرات.
- 10 قطرات ستيفيا.
- 15 مل زيت جوز الهند.
- 15 جرام كريمة جوز الهند.
- 40 جرام رقائق شوكولاتة نباتية.

الاتجاهات:

a) يُمزج مسحوق اللوز مع مسحوق البروتين في وعاء كبير.

b) أضيفي زبدة اللوز وستيفيا وزيت جوز الهند وكريم جوز الهند.

c) إذا كان الخليط مفتتًا جدًا ، أضف بعض الماء. تُضاف الشوكولاتة المفرومة وتُحرّك حتى تتجانس.

d) شكلي الخليط على شكل 16 كرة.

e) يمكنك إضافة الكرات إلى دقيق اللوز.

38. توفو العسل والسمسم

مكونات:

- 12 أوقية من التوفو شديد الصلابة ، مصفى ومربى جافًا.
- زيت أو بخاخ طبخ.
- 2 ملاعق كبيرة صلصة الصويا قليلة الصوديوم أو تماري.
- 3 فصوص ثوم مفروم.
- 1 ملعقة كبيرة عسل.
- 1 ملعقة كبيرة زنجبيل مقشر طازج مبشور.
- 1 ملعقة صغيرة زيت سمسم محمص.
- 1 رطل من الفاصوليا الخضراء ، مقلمة.
- 2 ملاعق كبيرة زيت زيتون.
- 4/1 ملعقة صغيرة من رقائق الفلفل الأحمر (اختياري).
- الملح كوشير.
- فلفل أسود مطحون حديثًا.
- 1 بصل أخضر متوسط ، مقطع ناعم جدًا.
- 4/1 ملعقة صغيرة بذور سمسم.

الاتجاهات:

a) اتركيه جانباً لمدة 10 إلى 30 دقيقة. اخفقي صلصة الصويا أو التماري والثوم والعسل والزنجبيل وزيت السمسم معًا في وعاء كبير ؛ اجلس جانبا.

b) قطعي التوفو إلى مثلثات وضعيها في طبقة واحدة على نصف صينية الخبز المحضرة. رشي عليها خليط صلصة الصويا. اخبزيها حتى يصبح لونها بنياً ذهبياً من 12 إلى 13 دقيقة.

c) اقلب التوفو. ضع الفاصوليا الخضراء في طبقة واحدة على النصف الآخر من صينية الخبز. يُرش زيت الزيتون ويُرش برقائق الفلفل الأحمر ؛ يتبل بالملح والفلفل.

d) أعيديها إلى الفرن واخبزيها حتى يصبح التوفو ذهبي بني من الجانب الثاني ، 10 إلى 12 دقيقة أخرى. يرش بالبصل الأخضر وبذور السمسم ويقدم على الفور.

39. مخلل فلفل حار

مكونات

- 4 أكواب من خل النبيذ الأبيض
- 2 ملاعق كبيرة عسل
- 1 ملعقة صغيرة من توت العرعر
- 1 ملعقة صغيرة قرنفل كامل
- 2 ملاعق صغيرة من الفلفل الأسود
- 2 ورق الغار المجفف
- 4/3 رطل فلفل فريسنو (فلفل هالبينو أحمر) ، مغسول ، ينبع

الاتجاهات

a) يُمزج الخل والعسل وتوت العرعر والقرنفل وحبوب الفلفل وأوراق الغار في قدر متوسطة الحجم ويترك السائل على نار هادئة. قلل الحرارة واترك المحلول الملحي على نار هادئة لمدة 10 دقائق لخلط النكهات. أضف الفلفل الحار وزد الحرارة إلى درجة عالية لإعادة المحلول الملحي ليغلي. خففي الحرارة واتركي الفلفل على نار هادئة لمدة 4 إلى 6 دقائق حتى ينضج قليلاً لكن لا يزال يحتفظ بشكله.

b) أطفئ النار واترك الفلفل جانباً ليبرد في المحلول الملحي. استخدم الفلفل الحار أو انقلهم مع سائل التنقية إلى وعاء محكم وقم بتبريدهم لمدة تصل إلى عدة أسابيع.

40. سكولا دي بيتزا

الاتجاهات

a) اختر البيتزا (البيتزا) التي تريد صنعها وقم بإعداد جميع المكونات الضرورية.

b) أخرج رفوف الفرن من الفرن وضع حجر بيتزا على أرضية الفرن. يمتص حجر البيتزا الحرارة ويوزعها بالتساوي ، مما يساعدك في الحصول على قشرة هشة. اشترِ حجرًا عالي الجودة لا يتشقق من الحرارة الشديدة. في السؤال ، استخدم الجانب السفلي من صينية الخبز السميكة.

c) سخن الفرن والحجر إلى 500 درجة فهرنهايت ، أو سخن فرنك لمدة ساعة على الأقل.

d) قم بإنشاء محطة بيتزا تحتوي على أوعية مليئة بزيت الزيتون وملح الكوشر والمكونات اللازمة لعمل البيتزا التي اخترتها.

e) جهز وعاء من الدقيق لغبار المنضدة.

f) جهز وعاء من السميد لغبار قشر البيتزا ، وأداة بمقبض طويل وسطح معدني كبير أو خشبي لسحب البيتزا داخل وخارج الفرن.

g) عندما يصبح العجين جاهزًا ، قم بدقيق سطح العمل بسخاء وضع جولة واحدة من العجين في وسط السطح المطحون بالدقيق. ترش العجينة بقليل من الدقيق.

h) باستخدام أطراف أصابعك كما لو كنت تنقر على مفاتيح البيانو ، اضغط برفق على منتصف العجين لتسطيحها قليلاً ، مع ترك حافة بحجم بوصة واحدة كما هي.

i) ارفع العجين ، وكرة بقبضتي يديك ، وبقبضة يدك في مواجهة جسمك ، ضع الحافة العلوية للعجين على يديك بحيث تمتد الجولة إلى أسفل على ظهر يديك ، بعيدًا عنهما.

j) حركي دائرة العجين حول قبضة يدك مثل عقارب الساعة حتى يستمر العجين في التمدد لأسفل في شكل دائرة.

k) عندما يمتد العجين إلى قطر حوالي 10 بوصات ، ضعه على سطح مغطى بغبار الدقيق.

l) ندهن حافة العجين بزيت الزيتون ونرش ملح كوشير على سطح العجين.

m) تلبيس البيتزا ، مع التأكد من ترك حافة 1 بوصة بدون صلصة أو تتصدر حول الحافة.

n) رشي قشر البيتزا بالسميد وحركيه تحت البيتزا بضغطة واحدة حاسمة. من غير المرجح أن تمزق العجينة أو تشوهها بضغطة واحدة جيدة للقشر من عدة دفعات مؤقتة. إعادة تشكيل البيتزا على القشرة إذا فقدت شكلها. رجي القشرة برفق لتحديد ما إذا كانت العجينة ستخرج بسهولة في الفرن. إذا كانت ملتصقة بالقشر ، ارفعي جانبًا واحدًا من العجين بحذر ورمي المزيد من السميد تحته. افعل ذلك من عدة زوايا مختلفة حتى يصبح هناك سميد تحت القشرة بأكملها.

o) افتح باب الفرن وحرك العجين على حجر البيتزا المسخن. مرة أخرى ، تحرك بشكل حاسم ، اسحب القشرة نحوك لتترك البيتزا على الحجر.

p) اخبزي البيتزا حتى تصبح ذهبية اللون وتصبح الكورنيش أو الحافة مقرمشة ومقرمشة من 8 إلى 12 دقيقة. تختلف أوقات الطهي حسب قوة الفرن الخاص بك.

q) أثناء وجود البيتزا في الفرن ، قم بإخلاء مساحة على لوح تقطيع نظيف وجاف أو ضع بيتزا دائرية من الألومنيوم على المنضدة لوضع البيتزا المخبوزة عليها.

r) عندما تنضج البيتزا ، حرك القشر تحت القشرة ، أخرجها من الفرن ، وضعها على لوح التقطيع أو دائري.

s) استخدم قطاعة بيتزا متدحرجة لتقطيع البيتزا. قمنا بتقطيع قطعنا إلى أربعة أسافين في مطعم البيتزا ، ولكن بالنسبة للحفلات ، فإننا غالبًا ما نقطعها إلى ستة أو ثمانية أسافين بحيث يحصل كل ضيف على شريحة من البيتزا عندما يكون الجو ساخنًا.

41. بوريكوتا مع بيبروناتا وأوريجانو

يصنع 1 بيتزا

مكونات

- جولة واحدة من عجينة البيتزا
- 1 ملعقة كبيرة زيت زيتون بكر ممتاز
- الملح كوشير
- 1 كوب بيبروناتا
- 4 أونصات من البوركوتا ، مقطعة إلى 4 شرائح متساوية ، أو جبنة ريكوتا طازجة
- 1 ملعقة صغيرة من أوراق الأوريجانو الطازجة
- زيت الزيتون البكر الممتاز
- 1 ملعقة كبيرة ملح البحر

الاتجاهات

a) تحضير العجينة ومددها وتسخين الفرن.

b) ندهن حافة العجين بزيت الزيتون ونتبّل السطح بالكامل بالملح. انشر البيبروناتا فوق البيتزا ، واترك حافة بحجم بوصة واحدة دون أي طبقة علوية. إذا كنت تستخدم الريكوتا ، ضعه في وعاء وحركه بقوة حتى ينفش.

c) ضع قطعة واحدة من البوريكوتا أو ملعقة الريكوتا في كل ربع من البيتزا. ادخل البيتزا إلى الفرن واخبزها حتى تصبح القشرة ذهبية اللون ومقرمشة ، من 8 إلى 12 دقيقة. أخرجي البيتزا من الفرن وقطعيها إلى أرباع مع الحرص على عدم تقطيع الجبن.

d) رشي أوراق الأوريجانو فوق البيتزا ورشي زيت الزيتون عالي الجودة فوق الجبن ورشي ملح البحر وقدميه.

42. البطاطا والبيض ولحم الخنزير المقدد

مكونات

- 3 أونصات بطاطس يوكون جولد صغيرة (حوالي 1 2/1 بطاطس)
- جولة واحدة من عجينة البيتزا
- 1 ملعقة كبيرة زيت زيتون بكر ممتاز
- الملح كوشير
- 2 أوقية جبن موزاريلا منخفضة الرطوبة ، مقطعة إلى مكعبات 2/1 بوصة
- 3 أوقية sottocenere al tartufo تمزيقه
- 1 أونصة فونتينا ، مقطعة إلى مكعبات 2/1 بوصة
- 4 بصل أخضر مقطع إلى شرائح رفيعة
- 2 شرائح سميكة من لحم الخنزير المقدد المدخن
- 1 2/1 ملعقة صغيرة أوراق زعتر طازجة
- 1 بيضة كبيرة طازجة من المزرعة
- ملح البحر غير المستقر

الاتجاهات

a) اطهي البطاطس على البخار حتى تُثقب بسهولة بالشوكة ، لمدة 20 دقيقة تقريبًا. انزع البطاطس واتركها جانبًا حتى تبرد بدرجة كافية لتلمسها. استخدم سكينًا صغيرًا حادًا لإزالة القشر من البطاطس والتخلص من القشور.

b) قطعي البطاطس إلى قطع دائرية بسمك 4/1 بوصة وضعيها في وعاء صغير. استخدمي البطاطس أو اتركيها جانباً لتبرد لدرجة حرارة الغرفة ، انقليها إلى وعاء محكم ، وضعيها في الثلاجة لمدة تصل إلى يومين.

c) تحضير العجينة ومددها وتسخين الفرن.

d) ندهن حافة العجين بزيت الزيتون ونتبّل السطح بالكامل بالملح. نثر مكعبات الموتزاريلا ، السوتوسينير ، والفونتينا على سطح البيتزا.

e) وزعي شرائح البصل الأخضر فوق الجبن ، وضعي شرائح البطاطس فوق البصل الأخضر ، ورشي شرائح البطاطس بالملح. قطعي شرائح لحم الخنزير المقدد إلى نصفين بالعرض وضعي نصفًا على كل ربع من البيتزا. رشي ملعقة صغيرة من أوراق الزعتر فوق البيتزا وضعي البيتزا في الفرن لمدة 5 دقائق ، أو حتى تنضج البيتزا في منتصفها. اكسر البيضة في وعاء صغير ، أخرج البيتزا من الفرن وحرك البيضة في وسط البيتزا. أعد البيتزا إلى الفرن حتى تصبح القشرة ذهبية اللون ، لمدة 5 إلى 7 دقائق. أخرجي البيتزا من الفرن وقطعيها إلى أرباع ، وتوقفي عند حافة البيضة حتى تبقى سليمة ، وتأكدي من أن كل شريحة بيتزا تحصل على قطعة من لحم الخنزير المقدد.

f) نرش البيضة بملح البحر ، ونرش باقي أوراق الزعتر فوق البيتزا ، ونقدمها.

43. ستراكينو مع الخرشوف والليمون والزيتون

مكونات

للخرشوف

- 1 ليمون
- 4 أونصات خرشوف صغير (2 إلى 3 خرشوف)
- 1 ملعقة كبيرة زيت زيتون بكر ممتاز
- 1 ملعقة كبيرة من أوراق البقدونس الإيطالية الطازجة المقطعة إلى شرائح رقيقة
- 1 فص ثوم كبير مفروم ناعماً

للبيتزا

- جولة واحدة من عجينة البيتزا
- 1 ملعقة كبيرة زيت زيتون بكر ممتاز
- الملح كوشير
- 2 أوقية ستراكينو ، ممزقة إلى قطع صغيرة
- 2/1 أوقية جبن موزاريلا قليل الرطوبة ، مقطعة إلى مكعبات 2/1 بوصة
- 1 أونصة من زيت الزيتون التاجيشي أو النيسواز
- 1 ملعقة صغيرة من أوراق البقدونس الإيطالية الطازجة
- 1 ليمون
- إسفين بارميجيانو-ريجيانو للبشر
- 2/1 كوب جرجير معبأ بشكل فضفاض (يفضل الجرجير البري)

الاتجاهات

a) لتحضير الأرضي شوكي ، املأ وعاءً كبيرًا بالماء. نقطع الليمون إلى نصفين ، ونعصر العصير في الماء ، ثم نسكب أنصاف الليمون في الماء.

b) قم بإزالة الأوراق الخارجية من الأرضي شوكي حتى تترك المراكز ذات اللون الأخضر الفاتح فقط. قطع نهايات الجذع الصلبة ، وترك ما يصل إلى 1 أو 2 بوصة متصلة. باستخدام مقشرة خضروات أو سكين حاد صغير ، احلق سيقان الخرشوف ، واكشف عن السيقان الداخلية ذات اللون الأخضر الفاتح. قم بقص 2/1 بوصة إلى 4/3 بوصة من أطراف أطراف الأوراق بحيث يكون لها قمم مسطحة ، وتجاهل كل الأوراق والقطع المقصوصة.

c) قطع فوق القاع لتحرير جميع الأوراق ، ثم قم بفك الأوراق ووضعها في الماء الحمضي لمنعها من التحول إلى اللون البني. قم بقطع السيقان إلى شرائح رفيعة وأضفها إلى الماء المحمض. لتحضير الأرضي شوكي مقدمًا ، انقلها مع الماء المحمض إلى وعاء محكم وقم بتبريده حتى تصبح جاهزًا لاستخدامه أو لمدة تصل إلى يومين. صفي الأوراق والسيقان. جفف الوعاء وأعد الخرشوف إلى الوعاء. نضيف زيت الزيتون والبقدونس والثوم ويقلب الخرشوف مع التوابل.

d) لتحضير البيتزا ، نحضر العجينة وتمددها ثم سخني الفرن.

e) ندهن حافة العجين بزيت الزيتون ونتبّل السطح بالكامل بالملح. نثر أوراق الخرشوف على سطح البيتزا لتغطيتها ، تاركًا حدود 1 بوصة من البيتزا بدون طبقة علوية. نثر الستراتشينو والموزاريلا والزيتون فوق أوراق الخرشوف. ادخل البيتزا إلى الفرن واخبزها حتى تذوب الجبن وتصبح القشرة ذهبية اللون ومقرمشة ، من 8 إلى 12 دقيقة. أخرجي البيتزا من الفرن وقطعيها إلى أرباع.

f) رشي البقدونس فوق البيتزا واستخدمي مبشرة دقيقة أو مبشرة أخرى لبشر قشر الليمون على السطح.

g) صر طبقة خفيفة من بارميجيانو-ريجيانو فوق البيتزا ، وزع الجرجير فوقها ، وقدمها.

44. بيانكا مع فونتينا ، موزاريلا و سيج

مكونات

- 1 ملعقة كبيرة زيت زيتون بكر ممتاز ، بالإضافة إلى المزيد لقلي أوراق المريمية
- الملح كوشير
- 4/1 كوب من أوراق المريمية الطازجة الكاملة ، بالإضافة إلى 1 ملعقة صغيرة من أوراق المريمية الطازجة المفرومة
- 1 عجينة بيتزا دائرية
- 2 ملاعق كبيرة كريمة خفق ثقيلة ، مخفوقة حتى قمم ناعمة
- 3 2/1 أونصات من sottocenere al tartufo ، مبشورة
- 1 أونصة فونتينا ، مقطعة إلى مكعبات 2/1 بوصة
- 1 أونصة جبن موزاريلا منخفضة الرطوبة ، مقطعة إلى مكعبات 2/1 بوصة

الاتجاهات

a) صب كمية كافية من زيت الزيتون في مقلاة صغيرة أو قدر بعمق 1 بوصة وبطن طبقًا صغيرًا بمناشف ورقية. سخني الزيت على نار متوسطة إلى عالية حتى يصدر القليل من الملح أزيزًا عند سقوطه فيه. تُضاف أوراق المريمية الكاملة وتُقلى لمدة 30 ثانية تقريبًا ، حتى تصبح مقرمشة وخضراء زاهية.

b) استخدم ملعقة مثقوبة لإزالة المريمية من الزيت ، وانقلها إلى المناشف الورقية لتصريفها ، وتبليها بالملح.

c) صفي الزيت المنقوع بالمريمية من خلال مصفاة شبكية دقيقة واحتفظي بها لقلي المريمية مرة أخرى أو لتقطيرها فوق اللحوم أو الخضار المشوية. يمكن قلي المريمية قبل عدة ساعات. قم بتخزينه في حاوية محكمة الإغلاق في درجة حرارة الغرفة.

d) تحضير العجينة ومددها وتسخين الفرن.

e) ندهن حافة العجين بملعقة كبيرة من زيت الزيتون ويتبل السطح بالكامل بالملح. ضعي الكريمة في منتصف العجينة واستخدمي ظهر الملعقة لتوزيعها على سطح العجين ، مع ترك حافة قطرها 1 إنش بدون أي كريمة.

f) نرش المريمية المفرومة فوق الكريمة ، وتغطي بالستوسينير المبشور ، ونثر مكعبات الفونتينا والموزاريلا فوق البيتزا. ادخل البيتزا إلى الفرن واخبزها حتى تذوب الجبن وتصبح القشرة ذهبية اللون ومقرمشة ، من 8 إلى 12 دقيقة.

g) أخرج البيتزا من الفرن وقم بإمالتها بحذر فوق طبق لتصريف الزيت الزائد. تخلص من الزيت. قطعي البيتزا إلى أرباع ، وزعي أوراق المريمية المقلية على السطح ، وقدميها.

45. كرات البيتزا

الحصص: 10

مكونات:

- 1 رطل نقانق مطحونة مفتتة
- 2 كوب خليط بيسكويك
- 1 بصلة مفرومة
- 3 فصوص ثوم مهروسة
- ملعقة صغيرة من التوابل الإيطالية
- 2 كوب جبن موزاريلا مبشور
- 1 2/1 كوب صلصة بيتزا - مقسمة
- نصف كوب جبن بارميزان

الاتجاهات:

a) سخن الفرن على حرارة 400 درجة فهرنهايت.

b) حضري صينية خبز عن طريق رشها برذاذ طهي غير لاصق.

c) اخلطي النقانق وخلطة بيسكويك والبصل والثوم والتوابل الإيطالية وجبنة الموزاريلا و 12 كوب صلصة بيتزا معًا في وعاء الخلط.

d) بعد ذلك ، أضف ما يكفي من الماء لجعله عمليًا.

e) افردي العجين على شكل كرات بحجم 1 إنش.

f) رشي جبنة البارميزان فوق كرات البيتزا.

g) بعد ذلك ، ضع الكرات على صينية الخبز التي أعددتها.

h) سخني الفرن إلى 350 درجة فهرنهايت واخبزيه لمدة 20 دقيقة.

i) قدميها مع ما تبقى من صلصة البيتزا على الجانب للتغميس.

46. قطع الدجاج الايطالية

الحصص: 8 حزم

المكونات

- 1 علبة كريسنت رول (8 لفات)
- 1 كوب دجاج مطبوخ ومقطع
- 1 ملعقة كبيرة صلصة سباجيتي
- نصف ملعقة صغيرة ثوم مفروم
- 1 ملعقة كبيرة جبن موزاريلا

الاتجاهات:

a) سخن الفرن على حرارة 350 درجة فهرنهايت. يُمزج الدجاج والصلصة والثوم في مقلاة ويُطهى حتى يسخن تمامًا.

b) مثلثات مصنوعة من لفات هلال منفصلة. وزعي خليط الدجاج في وسط كل مثلث.

c) إذا رغبت في ذلك ، قم بتوزيع الجبن بطريقة مماثلة.

d) اقرص جوانب اللفة معًا ولفها حول الدجاج.

e) على حجر الخبز ، اخبزيها لمدة 15 دقيقة أو حتى تصبح ذهبية اللون.

47. كرات أرانشيني

يجعل 18

مكونات

- 2 ملعقة كبيرة زيت زيتون
- 15 جرام زبدة غير مملحة
- 1 بصلة مفرومة ناعماً
- 1 فص ثوم كبير مهروس
- 350 جرام أرز ريزوتو
- 150 مل نبيذ أبيض جاف
- 1.2 لتر من مرق الدجاج أو الخضار الساخنة
- 150 جرام جبن بارميزان مبشور ناعماً
- 1 ليمون ، مبشور ناعماً
- 150 جم كرة جبن موزاريلا ، مقطعة إلى 18 قطعة صغيرة
- زيت نباتي للقلي

للطلاء

- 150 جرام دقيق عادي
- 3 بيضات كبيرة ، مخفوقة قليلاً
- 150 جرام فتات خبز مجفف ناعم

الاتجاهات:

a) في قدر على النار ، سخني الزيت والزبدة حتى يصبح المزيج مزبدًا. يُضاف البصل ورشة ملح ويُطهى لمدة 15 دقيقة ، أو حتى يلين ويصبح شبه شفاف ، على نار خفيفة.

b) اطبخي لمدة دقيقة أخرى بعد إضافة الثوم.

c) يُضاف الأرز ويُترك على نار خفيفة لمدة دقيقة أخرى قبل إضافة النبيذ. يُغلى السائل في الغليان ويُطهى حتى ينخفض بمقدار النصف.

d) صب نصف المرقة واستمر في الخلط حتى يتم امتصاص معظم السائل.

e) عندما يمتص الأرز السائل ، نضيف الكمية المتبقية من المرقة مغرفة في كل مرة مع التحريك باستمرار حتى ينضج الأرز بالكامل.

f) أضيفي البارميزان وقشر الليمون وتبليه بالملح والفلفل حسب الرغبة. ضعي الريزوتو في صينية مغطاة بالشفاه وضعيه جانبًا حتى يبرد ويصل إلى درجة حرارة الغرفة.

g) قسّم الريزوتو المبرد إلى 18 جزءًا متساويًا ، كل منها بحجم كرة الجولف.

h) في راحة يدك ، افرد كرة الريزوتو وضع قطعة من الموزاريلا في المنتصف ، ثم لف الجبن في الأرز وشكله على شكل كرة.

i) استمر مع كرات الريزوتو المتبقية بنفس الطريقة.

j) في ثلاثة أطباق ضحلة ، اخلطي الدقيق والبيض وفتات الخبز. يجب أن تُطحن كل كرة من كرات الريزوتو بالدقيق أولاً ، ثم تغمس في البيض ، وأخيراً فتات الخبز. ضعها على طبق وضعها بعيدًا.

k) املأ قدرًا كبيرًا ثقيل القاع إلى منتصفه بالزيت النباتي وسخنه على نار متوسطة منخفضة حتى يقرأ مقياس حرارة الطهي 170 درجة مئوية أو تتحول قطعة الخبز إلى اللون البني الذهبي في 45 ثانية.

l) على دفعات ، اخفض كرات الريزوتو في الزيت واقليها لمدة 8-10 دقائق ، أو حتى يصبح لونها بنياً ذهبياً ويذوب في الوسط.

m) توضع على صينية مبطنة بمنشفة مطبخ نظيفة وتوضع جانباً.

n) قدمي أرانشيني ساخناً أو بصلصة طماطم بسيطة لتغمس فيها.

48. ناتشو ايطالي

الحصص: 1

مكونات

صلصة الألفريدو

- 1 كوب ونصف ونصف
- 1 كوب قشدة ثقيلة
- 2 ملاعق كبيرة زبدة غير مملحة
- 2 فص ثوم مفروم
- 2/1 كوب جبن بارميزان
- ملح وفلفل
- 2 ملاعق كبيرة دقيق

ناشوز

- مغلفة فطيرة باللحم مقطعة في مثلثات
- 1 دجاجة مطبوخة ومقطعة
- فلفل سوتيه
- جبنة موتزاريلا
- زيتون
- بقدونس مفروم
- جبنة البارميزان
- زيت لقلي الفول السوداني أو الكانولا

الاتجاهات:

a) تضاف الزبدة غير المملحة إلى قدر وتذوب على نار متوسطة.

b) قلبي الثوم حتى تذوب كل الزبدة.

c) يضاف الدقيق بسرعة ويخفق باستمرار حتى يتكتل ويصبح ذهبيًا.

d) في وعاء للخلط ، اخلطي الكريمة الثقيلة ونصف الكريمة.

e) يُغلى المزيج ، ثم يُخفّف الحرارة ويُطهى لمدة 8-10 دقائق ، أو حتى يتماسك.

f) يتبل بالملح والفلفل.

g) الونتون: سخني الزيت في مقلاة كبيرة على نار متوسطة عالية ، حوالي ثلث الطريق للأعلى.

h) أضيفي الوونتون واحدة تلو الأخرى وسخنيها حتى تصبح ذهبية بالكاد في القاع ، ثم اقلبها واطهي الجانب الآخر.

i) ضع منشفة ورقية على البالوعة.

j) يُسخن الفرن مسبقًا إلى 350 درجة فهرنهايت ويُغلف صينية الخبز بورق الزبدة ، متبوعًا بالونتون.

k) أضيفي صلصة الفريدو والدجاج والفلفل وجبنة الموزاريلا على الوجه.

l) ضعه تحت الشواية في الفرن لمدة 5-8 دقائق ، أو حتى تذوب الجبن تمامًا.

49. رولات بيبروني إيطالي

الوجبات 35

مكونات

- تورتيلا طحين 5 10 بوصات (سبانخ طماطم مجففة بالشمس أو طحين أبيض)
- 16 أونصة جبن كريمي طري
- 2 ملاعق صغيرة ثوم مفروم
- 2/1 كوب كريمة حامضة
- 2/1 كوب جبن بارميزان
- 2/1 كوب جبن إيطالي مبشور أو جبن موزاريلا
- 2 ملاعق صغيرة من التوابل الإيطالية
- 16 أوقية شرائح بيبروني
- 4/3 كوب فلفل أصفر وبرتقالي مفروم ناعماً
- 2/1 كوب فطر طازج مفروم ناعم

الاتجاهات:

a) في وعاء الخلط ، اخفقي جبنة الكريمة حتى تصبح ناعمة. يُمزج الثوم والقشدة الحامضة والجبن والتوابل الإيطالية في وعاء الخلط. امزج حتى يمتزج كل شيء جيدًا.

b) وزعي الخليط بالتساوي بين 5 تورتيلا طحين. غطي التورتيلا بالكامل بخليط الجبن.

c) توضع طبقة من البيبروني فوق مزيج الجبن.

d) قم بتداخل البيبروني مع شرائح الفلفل الخشنة والفطر.

e) لف كل تورتيلا بإحكام ولفها في غلاف بلاستيكي.

f) توضع جانباً لمدة ساعتين على الأقل في الثلاجة.

50. تشيزي جاليت مع سلامي

5 حصص

مكونات:

- 130 جرام زبدة
- 300 جرام طحين
- 1 ملعقة صغيرة ملح
- 1 بيضة
- 80 مل حليب
- 2/1 ملعقة صغيرة خل

حشوة:

- 1 طماطم
- 1 فلفل حلو
- كوسة
- شرائح لحم
- جبنة موتزاريلا
- 1 ملعقة كبيرة زيت زيتون
- الأعشاب (مثل الزعتر والريحان والسبانخ)

الاتجاهات:

a) مكعبات الزبدة.

b) في وعاء أو مقلاة ، اخلطي الزيت والدقيق والملح وقطعيها بسكين.

c) أضيفي بيضة وبعض الخل وبعض الحليب.

d) ابدأ بعجن العجين. برد لمدة نصف ساعة بعد لفها في كرة ولفها في غلاف بلاستيكي.

e) قطعي كل مكونات الحشوة.

f) ضعي الحشوة في وسط دائرة كبيرة من العجين ملفوفة على ورق الخبز (ماعدا الموزاريلا).

g) ترش بزيت الزيتون وتتبل بالملح والفلفل.

h) ثم ارفعي حواف العجين بحذر ، ولفيها حول الأجزاء المتداخلة ، واضغطي عليها برفق.

i) يُحمّى الفرن على حرارة 200 درجة مئوية ويُخبز لمدة 35 دقيقة. أضيفي الموزاريلا قبل نهاية وقت الخبز بعشر دقائق واستمري في الخبز.

j) قدميها على الفور!

51. فطائر موزاريلا و اسباجيتي

المكونات

- 2 فص ثوم
- 1 حزمة بقدونس طازج
- 3 سلطة بصل رقيقة شرائح
- 225 جرام لحم خنزير مفروم قليل الدهن
- 2 ملاعق كبيرة جبن بارميزان مبشور حديثًا
- 1 ملعقة طعام زيت زيتون
- 150 جرام إسباجيتي أو تالياتيلي
- 100 مل من مرق اللحم البقري الساخن
- 400 جرام من الطماطم المقطعة
- 1 رشة سكر و 1 اندفاعة صلصة الصويا
- ملح وفلفل
- 1 بيضة
- 1 ملعقة طعام زيت زيتون
- 75 مليلتر حليب
- 50 جرام دقيق سادة
- 150 جرام جبن موزاريلا مدخن
- زيت عباد الشمس؛ للقلي

- 1 ليمون

الاتجاهات:

a) يُسحق الثوم ويُفرم البقدونس ناعماً. اخلطي اللحم المفروم وسلطة البصل والثوم والبارميزان والبقدونس والكثير من الملح والفلفل.

b) شكل إلى ثماني كرات ثابتة.

c) اطهي كرات اللحم حتى تصبح بنية اللون. صب في المخزون.

d) تُطهى المعكرونة في قدر كبير من الماء المغلي المملح.

52. أسياخ تورتيليني بالجبنة

المحصول: 8

مكونات

- 1 عبوة (12 أونصة) جبن تورتيليني
- 1 كوب طماطم كرزية
- 1 كوب كرات موتزاريلا طازجة
- 4/1 باوند سلامي مقطع رقيق
- 4/1 كوب أوراق ريحان طازجة
- داش بلسمي جليز
- 8 أسياخ خشبية

الاتجاهات:

a) يُغلى قدر كبير من الماء ، ثم يُطهى التورتيليني وفقًا لتوجيهات العبوة.

b) ضعي تورتيليني المطبوخ في مصفاة وغطيه بالماء البارد حتى يصل إلى درجة حرارة الغرفة.

c) اثقب كل قطعة في السيخ وحركها لأسفل إلى أسفل السيخ. قبل التقديم مباشرة ، رتبي الأسياخ على طبق ورشيها بطلاء بلسمي.

53. خبز مسطح على شكل كرات اللحم على الطريقة التوسكانية

المحصول: 4

مكونات

- 1 عبوة (16 أونصة) كرات لحم بتلو
- 4 عجائن من الخبز المسطح
- 4 فصوص ثوم مفروم
- 1 كوب بصل أحمر مقطع شرائح رقيقة
- 2 كوب صلصة مارينارا
- 1 ملعقة طعام زيت زيتون
- 1 ملعقة صغيرة من التوابل الإيطالية الجافة
- 10 أوقية. جبنة موتزاريلا طازجة مقطعة إلى شرائح
- 4 أوقيات. جبن ريكوتا كامل الدسم
- 4 ملاعق كبيرة من الريحان الطازج المقطع إلى شرائح رفيعة

الاتجاهات:

a) سخني الفرن إلى 425 درجة فهرنهايت.

b) اطبخي كرات اللحم حسب التعليمات المدونة على العبوة ثم ضعيها جانبًا.

c) يُسخن زيت الزيتون في مقلاة كبيرة على نار متوسطة ، ثم يُضاف البصل الأحمر والثوم ويُطهى مع التحريك من حين لآخر لمدة 4-5 دقائق ، حتى يصبح شفافًا ورائحته.

d) قم بإعداد الخبز المسطح على ورقة بسكويت مبطنة بورق الزبدة.

e) وزعي نصف كوب من صلصة المارينارا بالتساوي على كل عجينة من الخبز المسطح ، ثم تبليها بالبهارات الإيطالية الجافة.

f) ضعي 5-6 شرائح جبن موزاريلا على كل خبز مسطح.

g) قطّعي كرات اللحم المطبوخة إلى دوائر ووزعيها بالتساوي على كل خبز مسطح. يقسم البصل الأحمر والثوم على كرات اللحم.

h) اخبزي الخبز المسطح لمدة 8 دقائق. أخرجي الخبز المسطح من الفرن ووزعي 4 ملاعق كبيرة من جبن الريكوتا على كل منها ، ثم أعيديها إلى الفرن لمدة دقيقتين إضافيتين لتسخين الريكوتا.

i) أخرجي الخبز المسطح من الفرن ، وغطيه بالريحان الطازج ، واتركيه جانباً لمدة دقيقتين ليبرد.

j) قطع وتقديم على الفور.

54. سلايدر كرات اللحم المحمص بالثوم

المحصول: 8

مكونات
- 1 عبوة (26 أونصة) كرات لحم إيطالية
- 1 جرة صلصة مارينارا
- 1 عبوة توست تكساس مجمدة
- 1 عبوة جبنة موزاريلا مقطعة إلى شرائح
- 8 أوراق ريحان طازجة - مفرومة

الاتجاهات:

a) سخني الفرن على 400 درجة فهرنهايت.

b) تُخبز قطع توست تكساس لمدة 4 دقائق على صينية خبز.

c) أخرجي التوست نصف المخبوز من الفرن وادهني 2 ملاعق كبيرة من صلصة المارينارا على كل شريحة ، تليها 6 كرات لحم وشريحة من جبن الموزاريلا. ضعها في مكانها باستخدام سيخ.

d) اخبز لمدة 6 دقائق أخرى.

e) قطعي كل شريحة إلى نصفين ورشيها بأوراق الريحان.

f) تخدم على الفور.

55. أكواب بيتزا سيتان

يجعل 2

مكونات

- 1 أوقية. جبن كريمي كامل الدسم
- 2/1 1 كوب جبن موزاريلا كامل الدسم
- 1 بيضة كبيرة مخفوقة
- 1 كوب دقيق لوز
- 2 ملعقة كبيرة طحين جوز الهند
- 3/1 كوب صلصة بيتزا
- 3/1 كوب جبن شيدر مبشور
- نصف عبوة سيتان أو حوالي 4 أونصة ، مقطعة إلى مكعبات

الاتجاهات

a) سخني الفرن إلى 400 درجة فهرنهايت.

b) يُمزج الجبن الكريمي والموزاريلا في وعاء كبير آمن للاستخدام في الميكروويف والميكروويف لمدة دقيقة واحدة مع التحريك عدة مرات.

c) أضيفي البيضة المخفوقة والطحين وحركي بسرعة حتى تتشكل كرة. اعجن باليد حتى تصبح لزجة قليلاً.

d) تقسم العجينة إلى 8 قطع. ضع قطعة بين ورقتين من ورق الزبدة المدهون بالزبدة ولفها بمسمار.

e) ضع كل قطعة من العجين في قوالب مافن مدهونة بالزبدة لتشكيل أكواب عجين صغيرة.

f) اخبزيها لمدة 15 دقيقة أو حتى يصبح لونها بنياً ذهبياً.

g) أخرجيها من الفرن ورشي كل منها بصلصة البيتزا والجبن والشيدر. يُعاد إلى الفرن لمدة خمس دقائق حتى يذوب الجبن.

h) ترفع من قوالب المافن وتقدم.

56. فطائر الجمبري المقرمشة

6 خدمات

مكونات:

- نصف كيلو جمبري مقشر
- $1\frac{1}{2}$ كوب حمص أو دقيق عادي
- 1 ملعقة كبيرة بقدونس مفروم طازج
- 3 بصل أخضر ، جزء أبيض وقليل من قمم خضراء طرية ، مفرومة ناعماً
- ملعقة صغيرة فلفل حلو / فلفل حلو
- ملح
- زيت الزيتون للقلي

الاتجاهات:

a) يُطهى الجمبري في قدر مع كمية كافية من الماء لتغطيته ويُغلى على نار عالية.

b) في وعاء أو محضر طعام ، يُمزج الطحين والبقدونس والبصل الأخضر والفلفل الأسود لإنتاج الخليط. أضف ماء الطهي المبرد ورشة ملح.

c) امزج أو عالج حتى تحصل على قوام أكثر سمكًا من خليط البانكيك. ضعيه في الثلاجة لمدة ساعة بعد تغطيته.

d) أخرج الروبيان من الثلاجة وافرمه جيدًا. يجب أن تكون حبيبات البن بحجم القطع.

e) نخرج الخليط من الثلاجة ويقلب مع الجمبري.

f) في مقلاة ثقيلة ، اسكب زيت الزيتون على عمق حوالي 1 بوصة وقم بتسخينه على نار عالية حتى يدخن.

g) لكل فطيرة ، اسكب ملعقة كبيرة من الخليط في الزيت وقم بتسطيح الخليط بظهر الملعقة في شكل دائري بقطر 3 2/1 بوصات.

h) تقلى لمدة دقيقة تقريبًا على كل جانب ، بالتناوب مرة واحدة ، أو حتى تصبح الفطائر ذهبية ومقرمشة.

i) أخرجي الفطائر باستخدام ملعقة مثقوبة وضعيها في طبق فرن.

j) تخدم على الفور.

57. طماطم محشية

مكونات:

- 8 حبات طماطم صغيرة ، أو 3 حبات كبيرة
- 4 بيضات مسلوقة مبردة ومقشرة
- 6 ملاعق كبيرة أيولي أو مايونيز
- ملح وفلفل
- 1 ملعقة كبيرة بقدونس مفروم
- 1 ملعقة كبيرة فتات الخبز الأبيض ، إذا كنت تستخدم طماطم كبيرة

الاتجاهات:

a) اغمر الطماطم في حوض من الماء المثلج أو شديد البرودة بعد سلخها في قدر من الماء المغلي لمدة 10 ثوانٍ.

b) قطع قمم الطماطم. باستخدام ملعقة صغيرة أو سكين صغير حاد ، اكشط البذور والداخل.

c) اهرسي البيض مع الأيولي (أو المايونيز في حالة الاستخدام) والملح والفلفل والبقدونس في وعاء الخلط.

d) تُحشى الطماطم بالحشوة مع الضغط عليها بقوة. استبدل الأغطية بزاوية كبيرة على الطماطم الصغيرة.

e) املئي الطماطم إلى الأعلى ، واضغطي بقوة حتى تستوي. ضعيها في الثلاجة لمدة ساعة قبل تقطيعها إلى حلقات باستخدام سكين نحت حاد.

f) يُزين بالبقدونس.

58. فطائر سمك القد مع الأيولي

6 خدمات

مكونات:

- 1 رطل ملح سمك القد منقوع
- 3 2/1 أوقية. فتات الخبز الأبيض المجفف
- 4/1 رطل من البطاطس الطرية
- زيت الزيتون للقلي السطحي
- 4/1 كوب حليب
- أسافين ليمون وأوراق سلطة للتقديم
- 6 بصل أخضر مفروم ناعماً
- أيولي

الاتجاهات:

a) في قدر به ماء مغلي مملح قليلًا ، اطهي البطاطس غير مقشرة لمدة 20 دقيقة أو حتى تنضج. بالُوعَة.

b) قشر البطاطس بمجرد أن تصبح باردة بدرجة كافية لتتناولها ، ثم اهرسها بالشوكة أو هراسة البطاطس.

c) في قدر ، يُمزج الحليب ونصف البصل الأخضر ويُترك على نار خفيفة. يُضاف سمك القد المنقوع ويُسلق لمدة 10-15 دقيقة ، أو حتى يتقشر بسهولة. نخرج سمك القد من المقلاة ونقشره في وعاء بالشوكة لإزالة العظام والجلد.

d) تُمزج 4 ملاعق كبيرة من البطاطس المهروسة مع سمك القد وتُمزج بملعقة خشبية.

e) اعمل في زيت الزيتون ، ثم أضيفي البطاطس المهروسة المتبقية تدريجياً. يُمزج البصل الأخضر المتبقي والبقدونس في وعاء للخلط.

f) حسب الرغبة ، تبل بعصير الليمون والفلفل.

g) في وعاء منفصل ، اخفقي بيضة واحدة حتى تمتزج جيدًا ، ثم بردها حتى تصبح صلبة.

h) افردي مزيج السمك المبرد إلى 12-18 كرة ، ثم افردهم برفق في كعكات صغيرة مستديرة.

i) يجب طحين كل واحدة أولاً ، ثم تغمس في البيضة المخفوقة المتبقية وتنتهي بفتات الخبز الجافة.

j) ضعه في الثلاجة حتى يصبح جاهزًا للقلي.

k) في مقلاة كبيرة ثقيلة ، سخني حوالي 4/3 بوصة من الزيت. اطهي الفطائر لمدة 4 دقائق على نار متوسطة عالية.

l) اقلبها واطبخها لمدة 4 دقائق أخرى ، أو حتى تصبح مقرمشة وذهبية على الجانب الآخر.

m) صفي المزيج على مناشف ورقية قبل التقديم مع الأيولي وأوتاد الليمون وأوراق السلطة.

59. كروكيت الروبيان

يصنع حوالي 36 وحدة

مكونات:

- 3 2/1 أوقية. زبدة
- 4 أوقيات. دقيق صافي
- 1 4/1 مكاييل حليب بارد
- ملح وفلفل
- 14 أوقية. روبيان مقشر مطبوخ ومقطع إلى مكعبات
- 2 ملاعق صغيرة من هريس الطماطم
- 5 أو 6 ملاعق كبيرة بقسماط ناعم
- 2 بيضة كبيرة مخفوقة
- زيت الزيتون للقلي

الاتجاهات:

a) في قدر متوسطة الحجم ، ذوبي الزبدة وأضيفي الدقيق مع التحريك باستمرار.

b) قم برش الحليب البارد ببطء مع التحريك باستمرار حتى تحصل على صلصة سميكة وناعمة.

c) يُضاف القريدس ، ويُتبّل بسخاء بالملح والفلفل ، ثم يُخفق مع معجون الطماطم. طهي لمدة 7 إلى 8 دقائق أخرى.

d) خذ ملعقة كبيرة من المكونات ولفها في كروكيت أسطواني بحجم 1 2/1 - 2 بوصة.

e) لف الكروكيه في فتات الخبز ثم في البيض المخفوق وأخيراً في فتات الخبز.

f) في مقلاة كبيرة ذات قاع ثقيل ، سخني الزيت للقلي حتى تصل درجة حرارته إلى 350 درجة فهرنهايت أو يتحول لون مكعب من الخبز إلى اللون البني الذهبي في 20-30 ثانية.

g) تقلى لمدة 5 دقائق على دفعات لا تزيد عن 3 أو 4 حتى يصبح لونها بنياً ذهبياً.

h) باستخدام ملعقة مثقوبة ، أخرجي الدجاج ، وصفيها على ورق المطبخ ، وقدميها على الفور.

60. بطاطس متبلة مقرمشة

يخدم 4

مكونات:

- 3 ملاعق كبيرة زيت زيتون
- 4 حبات بطاطس مقشرة ومقطعة إلى مكعبات
- 2 ملاعق كبيرة بصل مفروم
- 2 فص ثوم مفروم
- ملح وفلفل أسود مطحون طازجًا
- 1 2/1 ملاعق كبيرة من الفلفل الحلو الأسباني
- 4/1 ملعقة صغيرة صلصة تاباسكو
- 4/1 ملعقة صغيرة زعتر مطحون
- 2/1 كوب كاتشب
- 2/1 كوب مايونيز
- بقدونس مفروم للتزيين
- 1 كوب زيت زيتون للقلي

الاتجاهات:

صلصة برافا:

a) سخني 3 ملاعق كبيرة زيت زيتون في قدر على نار متوسطة. اقلي البصل والثوم حتى ينضج البصل.

b) ارفعي المقلاة عن النار واخفقي مع الفلفل الحلو وصلصة تاباسكو والزعتر.

c) في وعاء للخلط ، اخلطي الكاتشب والمايونيز.

d) حسب الرغبة ، يتبل بالملح والفلفل. احذف من المعادلة.

البطاطا:

e) تبلي البطاطس بقليل من الملح والفلفل الأسود.

f) تقلى البطاطس في 1 كوب زيت زيتون في مقلاة كبيرة حتى يصبح لونها بنياً ذهبياً وتنضج بالكامل ، مع التقليب من حين لآخر.

g) صفي البطاطس على مناشف ورقية وتذوقها وتبليها بالملح الإضافي إذا لزم الأمر.

h) للحفاظ على نضارة البطاطس ، اخلطيها مع الصلصة قبل التقديم مباشرة.

i) قدميها دافئة ومزينة بالبقدونس المفروم.

61. جمبري جامبا

6 خدمات

مكونات:

- 2/1 كوب زيت زيتون
- عصير 1 ليمونة
- 2 ملاعق صغيرة ملح البحر
- 24 جمبري متوسط الحجم في القشرة مع الرؤوس سليمة

الاتجاهات:

a) في وعاء للخلط ، يُمزج زيت الزيتون وعصير الليمون والملح ويُخفق جيدًا حتى يتجانس تمامًا. لتغليف الجمبري برفق ، اغمسه في الخليط لبضع ثوان.

b) في مقلاة جافة ، سخني الزيت على نار عالية. العمل على دفعات ، نضيف الجمبري في طبقة واحدة دون تزاحم المقلاة عندما يكون الجو حارا جدا. دقيقة واحدة من الحرق

c) اخفض الحرارة إلى متوسطة واطبخ لمدة دقيقة إضافية. ارفعي النار إلى درجة حرارة عالية وحمّر الجمبري لمدة دقيقتين إضافيتين أو حتى يصبح لونه ذهبياً.

d) احفظ الروبيان دافئًا في فرن منخفض على طبق فرن.

e) اطبخ باقي الجمبري بنفس الطريقة.

62. صلصة الخل بلح البحر

الحصص: يكفي لصنع 30 تاباس

مكونات:

- 2 1/2 درزن من بلح البحر، مقشر ومزيل اللحى خس مبشور
- 2 ملاعق كبيرة بصل أخضر مفروم
- 2 ملاعق كبيرة فلفل أخضر مفروم
- 2 ملاعق كبيرة فلفل أحمر مفروم
- 1 ملعقة كبيرة بقدونس مفروم
- 4 ملاعق كبيرة زيت زيتون
- 2 ملاعق كبيرة خل أو عصير ليمون
- رشة من صلصة الفلفل الأحمر
- ملح للتذوق

الاتجاهات:

a) اطهي بلح البحر على البخار وافتحه.

b) ضعهم في قدر كبير من الماء. غطي المزيج واطهيه على نار عالية مع تحريك المقلاة من حين لآخر حتى تنفتح القشرة. أبعد بلح البحر عن النار وتخلص من المحار الذي لا يفتح.

c) يمكن أيضًا تسخين بلح البحر في الميكروويف لفتحها. قم بتسخينها في الميكروويف لمدة دقيقة واحدة بأقصى طاقة في وعاء آمن للاستخدام في الميكروويف ومغطى جزئيًا.

d) الميكروويف لمدة دقيقة أخرى بعد التقليب. قم بإزالة أي بلح البحر الذي تم فتحه واطهيه لمدة دقيقة أخرى في الميكروويف. قم بإزالة تلك المفتوحة مرة أخرى.

e) قم بإزالة القشرة الفارغة وتجاهلها بمجرد أن تصبح باردة بدرجة كافية للتعامل معها.

f) في صينية التقديم ، ضعي بلح البحر على طبقة من الخس المبشور قبل التقديم مباشرة.

g) يُمزج البصل والفلفل الأخضر والأحمر والبقدونس والزيت والخل في طبق للخلط.

h) الملح وصلصة الفلفل الأحمر حسب الرغبة. املأ نصف قشور بلح البحر بالخليط.

63. فلفل محشي أرز

الحصص: 4

مكونات:

- 1 رطل 2 أونصة أرز إسباني قصير الحبة ، مثل بومبا أو كالاسبارا
- 3-2 ملاعق كبيرة زيت زيتون
- 4 فلفل أحمر كبير
- 1 حبة فلفل أحمر صغيرة مفرومة
- 2/1 بصلة مفرومة
- 2/1 طماطم ، مقشرة ومفرومة
- 5 أوقية. أو 3 أونصة لحم خنزير مفروم / مفروم. سمك القد الملح
- زعفران
- البقدونس الطازج المفروم
- ملح

الاتجاهات:

a) اكشط الأغشية الداخلية بملعقة صغيرة بعد قطع الأطراف الجذعية للفلفل وحفظها كغطاء لإعادة إدخالها لاحقًا.

b) سخني الزيت واقلي الفلفل الأحمر برفق حتى يصبح طريًا.

c) يُقلى البصل حتى ينضج ، ثم يُضاف اللحم ويُحمّر قليلاً ، وتُضاف الطماطم بعد بضع دقائق ، ثم يُضاف الفلفل المطبوخ والأرز النيئ والزعفران والبقدونس. تبلها مع ملح للمذاق.

d) املأ الفلفل بحرص وضعه على جوانبه في طبق فرن ، مع الحرص على عدم سكب الحشوة.

e) يُطهى الطبق في فرن ساخن لمدة ساعة ونصف الساعة مغطى.

f) ينضج الأرز في سوائل الطماطم والفلفل.

64. كاليماري مع إكليل الجبل وزيت الفلفل الحار

الحصص: 4

مكونات:

- زيت الزيتون البكر الممتاز
- باقة واحدة من إكليل الجبل الطازج
- 2 حبة فلفل أحمر كامل ، منزوعة البذور ومفرومة ناعماً 150 مل كريمة واحدة
- 3 صفار بيض
- 2 ملاعق كبيرة جبن بارميزان مبشور
- 2 ملاعق كبيرة دقيق سادة
- ملح وفلفل أسود مطحون طازج
- 1 فص ثوم مقشر ومهروس
- 1 ملعقة صغيرة اوريغانو مجفف
- زيت نباتي للقلي
- 6 حبار ، منظف ومقطع إلى حلقات
- ملح

الاتجاهات:

a) لتحضير الصلصة ، سخني زيت الزيتون في قدر صغير وقلبي في إكليل الجبل والفلفل الحار. احذف من المعادلة.

b) في وعاء كبير ، اخفقي الكريمة وصفار البيض وجبن البارميزان والدقيق والثوم والأوريغانو. امزج حتى يصبح الخليط ناعمًا. يتبل بالفلفل الأسود المطحون طازجًا.

c) سخني الزيت إلى 200 درجة مئوية للقلي العميق ، أو حتى يتحول لون مكعب من الخبز إلى اللون البني في 30 ثانية.

d) اغمس حلقات الحبار ، واحدة تلو الأخرى ، في الخليط وضعها بعناية في الزيت. يُطهى حتى يصبح لونه بنياً ذهبياً ، حوالي 2-3 دقائق.

e) صفيها على ورق المطبخ وقدميها على الفور مع سكب الصلصة فوقها. إذا لزم الأمر ، قم بتتبيله بالملح.

65. سلطة تورتيليني

الحصص: 8

مكونات:

- 1 عبوة تورتيليني بالجبنة ثلاثية الألوان
- كوب بيبروني مقطع إلى مكعبات
- نصف كوب بصل شرائح
- 1 فلفل أخضر ، مكعبات
- 1 كوب طماطم كرزية مقطعة إلى أنصاف
- $1\frac{1}{4}$ كوب زيتون كالاماتا شرائح
- $\frac{3}{4}$ كوب قلوب خرشوف متبلة ومقطعة
- 6 أوقية. جبنة موزاريلا مقطعة إلى مكعبات
- 3/1 كوب صلصة ايطالية

الاتجاهات:

a) قم بطهي التورتيليني وفقًا لتوجيهات العبوة ، ثم صفيها.

b) قلبي التورتيليني مع باقي المكونات ، باستثناء الصلصة ، في وعاء خلط كبير.

c) رشي الصلصة فوقها.

d) توضع جانبا لمدة ساعتين حتى تبرد.

66. سلطة باستا كابريزي

الحصص: 8

مكونات:

- 2 كوب معكرونة بيني مطبوخة
- 1 كوب بيستو
- 2 طماطم مقطعة
- 1 كوب جبن موزاريلا ، مكعبات
- الملح والفلفل حسب الذوق
- 8/1 ملعقة صغيرة اوريجانو
- 2 ملاعق صغيرة من خل النبيذ الأحمر

الاتجاهات:

a) قم بطهي المعكرونة وفقًا لتوجيهات العبوة ، والتي يجب أن تستغرق حوالي 12 دقيقة. بالُوعَة.

b) في وعاء كبير ، اخلطي المعكرونة والبيستو والطماطم والجبن. يتبل بالملح والفلفل والأوريغانو.

c) رشي خل النبيذ الأحمر على القمة.

d) توضع جانباً لمدة ساعة في الثلاجة.

67. بلسمك بروشيتا

الحصص: 8

مكونات:

- 1 كوب طماطم روما مقشرة ومقطعة إلى مكعبات
- ربع كوب ريحان مفروم
- كوب جبن بيكورينو مبروش
- 1 فص ثوم مفروم
- 1 ملعقة كبيرة خل بلسميك
- 1 ملعقة صغيرة زيت زيتون
- الملح والفلفل حسب الرغبة - حذر ، لأن الجبن مالح إلى حد ما بمفرده.
- 1 رغيف شرائح خبز فرنسي
- 3 ملاعق كبيرة زيت زيتون
- نصف ملاعق صغيرة من مسحوق الثوم
- $\frac{1}{4}$ ملاعق صغيرة ريحان

الاتجاهات:

a) في طبق للخلط ، اخلطي الطماطم والريحان وجبنة البيكورينو والثوم.

b) في وعاء خلط صغير ، اخفقي الخل مع 1 ملعقة كبيرة زيت زيتون. ضع جانبا. ج) رشي شرائح الخبز بزيت الزيتون ومسحوق الثوم والريحان.

c) توضع على صينية خبز وتحمص لمدة 5 دقائق على 350 درجة.

d) اخرج من الفرن. ثم نضيف مزيج الطماطم والجبن على الوجه.

e) إذا لزم الأمر ، تبل بالملح والفلفل.

f) تخدم على الفور.

68. ماكريل مشوي

المحصول: 1 حصة

المكونات

- 1 رطل من الأنشوجة الطازجة أو السردين أو الماكريل
- 2 رأس ثوم ملفوف بورق ورقائق ويخبز على حرارة 350 درجة فهرنهايت لمدة ساعة
- 2 بيض
- 4 فص ثوم
- عصير 1 ليمون و
- 2 ليمون في أسافين
- 1 كوب زيت زيتون بكر ممتاز
- الملح والفلفل حسب الذوق
- 1 ملعقة كبيرة ماء فاتر
- 4 قطع خبز فرنسي

الاتجاهات:

a) سخني الشواية أو الشواية.

b) سمك الأنشوجة والقشور (أو السردين أو الماكريل) ، وترك الرؤوس والذيل سليمة. اعصري رؤوس الثوم ببطء لإخراج العجينة واتركيها جانبًا.

c) لعمل أيولي ، ضعي البيض والثوم في الخلاط مع عصير الليمون واخلطيهم جيدًا. مع تشغيل الخلاط ، أضف الزيت في بقعة رقيقة لتشكيل مستحلب كثيف. اخرجيها وتبليها بالملح والفلفل وخففيها حسب الرغبة مع 1 إلى 2 ملاعق كبيرة من الماء الفاتر.

d) ضعي الأنشوجة على الشواية واطهيها لمدة دقيقة إلى دقيقتين لكل جانب ، ثم اخرجيها إلى الأطباق. يُشوى الخبز ويُدهن بخليط الثوم. ضعي قطعة واحدة من الخبز في كل طبق وقدميها مع شرائح الليمون والأيولي في المنتصف.

69. روبيان مشوي ملفوف في لحم مقدد

المحصول: 4 حصص

المكونات

- 20 روبيان متوسط تنظيفها deveined
- 10 شرائح لحم الخنزير المقدد خام ، مقطعة في هكتار
- 3 فلفل أحمر أو أصفر حلو.
- 4 ملاعق كبيرة زيت زيتون بكر ممتاز
- 2 ملاعق كبيرة خل بلسمي
- 1 ملعقة كبيرة خردل
- غصن الزعتر الطازج
- 1 رأس الراديكيو
- 1 رئيس الهندباء
- 1 رأس بيب خس

الاتجاهات:

a) اغسل وجفف الراديكيو ، الهندباء والخس. قطّع إلى قطع صغيرة الحجم واتركها جانبًا. لف كل جمبري بإحكام في نصف قطعة من لحم الخنزير المقدد.

b) تُشوى في صينية أو فوق شواية على الفحم حتى تنضج ، 3-5 دقائق ، بالتناوب مرة واحدة. غطيها للتدفئة. بذور الفلفل مقطعة إلى شرائح جوليان رفيعة. اجلس جانبا.

c) اخلطي الزيت والخل والخردل والزعتر في برطمان. غطيه ورجيه جيداً. ضع الخضار والفلفل في طبق.

d) أضف الجمبري. تخلط بلطف مع صلصة الخل. قدميها في طبق ضحل ، مع ترتيب الخضر أولاً ، و 5 جمبري فوق الخضر.

70. أكواب الشواء

المحصول: 5 حصص

المكونات

- 1 رطل لحم بقري مفروم قليل الدهن
- 1 بصلة
- 1 علبة بسكويت معلبة
- $\frac{1}{2}$ ج صوص باربيكيو
- 2 تيرابايت سكر بني
- $\frac{3}{4}$ ج جبن شيدر مبشور

الاتجاهات:

a) همبرغر بني أضف الصلصة والبصل والسكر البني. طبخ بنار هادئة.

b) في علبة الكعك المدهونة بالزبدة، ضعي قطعة بسكويت واحدة في كل كوب وشكليها في كوب. يُسكب مزيج الهمبرغر في أكواب

c) رش جبن الشيدر فوقها. اخبزيها على حرارة 400 درجة لمدة 10 إلى 12 دقيقة.

71. صدر حمام ملفوف ومشوي

المحصول: 1 حصة

المكونات

- 1 صدر حمامة ، نصفين
- 1 زيت زيتون
- 1 بصلة مقطعة إلى مكعبات
- 1 ثوم مفروم
- 1 فلفل أحمر مقطع إلى مكعبات
- 2 شرائح بصل
- 2 قطعة فلفل هلابينو
- 1 شريط من لحم الخنزير المقدد ، نصفين

الاتجاهات:

a) صدر الطير للخارج وخذ اللحم من كل نصف صدر.

b) تنقع في زيت الزيتون ، البصل المقطع ، مكعبات الثوم ومكعبات الفلفل الأحمر بين عشية وضحاها. أو انقعها بالصلصة الإيطالية طوال الليل.

c) خذ نصف الصدر وضعه بين قطعتين من الورق المشمع. تتسطح بمطرقة اللحم. خذ قطعة من البصل وقطعة من فلفل الهالبينو ولف الصدر المسطح حوله.

d) بعد ذلك ، خذ نصف شريحة من لحم الخنزير المقدد ولفها حول الثدي وثبتها بعود أسنان.

e) اطبخي على الشواية حتى ينضج لحم الخنزير المقدد. قدميها ساخنة كفاتح للشهية.

72. كرات اللحم المشوية

المحصول: 48 كفتة

المكونات

- 3 جنيهات لحم بقري مفروم قليل الدهن
- 2 كوب دقيق الشوفان السريع
- 13 أونصة حليب مبخر
- 2 بيض مخلوط قليلاً
- 1 كوب بصل مقطع
- نصف ملعقة صغيرة من مسحوق الثوم
- 2 ملاعق صغيرة ملح
- نصف ملعقة صغيرة فلفل
- 2 ملاعق صغيرة من مسحوق الفلفل الحار

الاتجاهات:

a) امزج المكونات معًا وشكلها على شكل كرات بحجم حبة الجوز. ضع 2 (اثنان) 9 × 13 بوصة من أطباق الخبز.

b) الصلصة: 4 م كاتشب 2 ج سكر بني 3 ت.دخان سائل 1 ر. مسحوق الثوم 1 ج.مكعبات البصل

c) امزج المكونات في طبق حتى يذوب السكر البني. تصب فوق كرات اللحم. اخبزيها على حرارة 350 درجة لمدة ساعة.

73. مقبلات الشواء الكورية

المحصول: 1 حصة

المكونات

- لحم تشاك
- نصف كوب صلصة صويا
- $1\frac{1}{4}$ ملعقة صغيرة كايين
- 1 بصلة خضراء مقطعة
- 2 ملاعق كبيرة سمسم
- 1 ملعقة صغيرة بودرة ثوم
- $1\frac{1}{2}$ ملعقة صغيرة خل
- $1\frac{1}{2}$ ملعقة صغيرة بذور سمسم
- فلفل اسود

الاتجاهات:

a) قطع اللحم عبر الحبوب إلى شرائح رفيعة جدًا.

b) توضع في الطبق مع باقي المكونات وتخلط جيدا.

c) غطيها وضعيها في الثلاجة طوال الليل

d) ضعي اللحم على الرف فوق شواية باربيكيو ، دقيقة واحدة لكل جانب

74. مقبلات الدجاج المشوي

المحصول: 4 حصص

المكونات

- 1 صدر دجاج مسحب كبير
- 1 فلفل أخضر ، مقطّع إلى شرائح
- 1 بصلة متوسطة ، مقطعة إلى شرائح سميكة
- نصف كوب كاتشب
- 1 ملعقة كبيرة خردل
- 1 ملعقة كبيرة سكر بني
- 1 ملعقة كبيرة خل
- نصف ملعقة صغيرة من مسحوق الثوم
- قطعتان من صلصة الفلفل الحار

الاتجاهات:

a) قطعي صدور الدجاج إلى 16 قطعة وضعيها في طبق الميكروويف.

b) رشي شرائح الفلفل والبصل فوق الدجاج.

c) اخلطي باقي المكونات في طبق صغير واسكبي فوق الدجاج والخضروات. 4. غطيها بالميكروويف 70٪ من الطاقة لمدة 7 دقائق أو حتى يصبح الدجاج أبيض ونضج. تقدم مع المسواك.

75. بت الشواء

المحصول: 10 حصص

المكونات

- 1 رطل من الفرنك ، و 2/1 بوصة طلقة
- نصف كوب خل
- 3 ملاعق كبيرة سكر بني
- 1 ملعقة كبيرة رسيستيرشاير
- 1 فص ثوم مفروم
- نصف ملعقة صغيرة فلفل
- $1\frac{1}{2}$ كوب صلصة طماطم
- 1 بصلة صغيرة مفرومة
- 1 ملعقة كبيرة خردل
- نصف ملعقة صغيرة مسحوق كاري
- 1 ملعقة صغيرة ملح

الاتجاهات:

a) تخلط جميع المكونات ما عدا الفرانكس في قدر.
b) ينضج 15 دقيقة.
c) تبرد حتى وقت الحصة.
d) صلصة الحرارة في طبق الغضب 15 دقيقة. قبل الجزء
e) إضافة جولات فرانك. يسخن جيدا.
f) أو Portion ، يقوم الضيوف برمح الفرانكس بالمعاول.

76. اسقلوب مدخن بقبعات فطر

المحصول: 4 حصص

المكونات

- من 6 إلى 8 أوراق من قشر الذرة
- 16 اسقلوب بحر كبير
- 16 غطاء فطر كبير
- زيت الزيتون للتتبيل

صلصة:

- بصل أبيض مفروم
- $\frac{1}{2}$ فلفل عجي مقطع
- 1 ملعقة طعام زيت زيتون
- $1\frac{1}{2}$ أونصة حليب مبخر
- $1\frac{1}{2}$ كوب كريمة خفق
- كوب شيري جاف
- نصف كوب جبن كوتيجا
- $1\frac{1}{2}$ ملعقة كبيرة نشا ذرة

الاتجاهات:

a) ضع قشور الذرة في قاع المدخن وأضف كمية صغيرة من الماء في المقلاة.

b) ضع اسقلوب البحر في المقلاة على الشواية ودخنه على نار عالية لمدة 4 دقائق.

c) نقع أغطية الفطر بزيت الزيتون أو صلصة تشيميشوري.

d) اشويها لمدة دقيقتين.

صلصة:

e) في مقلاة صغيرة ، اقلي البصل والفلفل في زيت الزيتون.

f) التحول إلى خلاط.

g) أضف الحليب المبخر وكريمة الخفق. اخلط جيدا

h) صب السائل من خلال مصفاة شبكية دقيقة وانقلها إلى مقلاة. أضيفي الشيري الجاف وجبن كوتيجا. سخنيها على نار معتدلة حتى تصبح دافئة جدا

i) قلّب نشا الذرة تدريجيًا حتى يتكاثف. صفي الصلصة من خلال مصفاة شبكية دقيقة.

j) غلف كل طبق بالصلصة. ضعي اسقلوب مدخن داخل غطاء الفطر ورتبي 2 على كل طبق مرق.

77. شواء كيلباسا

المحصول: 8 حصص

المكونات

- 3 أرطال كيلباسا منزوعة الجلد ؛ مجزأة
- 1 كوب كاتشب
- 1 كوب سكر بني
- 2 ملاعق كبيرة صلصة رسيستيرشاير
- نصف ملعقة صغيرة خردل جاف
- 1 ملعقة كبيرة عصير ليمون
- ربع كوب صوص حار

الاتجاهات:

a) اغلي كيلباسة في الماء لمدة 30 دقيقة لإزالة الشحوم

b) تُمزج المكونات المتبقية في قدر من الفخار وتُطهى لمدة ساعتين تقريبًا أو حتى تنضج

c) تقدم في وعاء من الفخار مع أعواد الأسنان.

78. اشوي البطاطس المخبوزة

المكونات

- 6 خبز البطاطس
- 1 بصلة مقطع
- 4 أوقيات. شيلي الأخضر
- 4 أوقيات. زيتون اسود؛ مقطع
- 4/1 ملاعق صغيرة من مسحوق الثوم
- 2/1 ملعقة صغيرة فلفل ليمون
- ورق ألومنيوم

الاتجاهات:

a) افركي بطاطس الخبز وقطعيها إلى قطع ، لكن لا تقشريها.

b) جاهز 6-8 قطع مربعة من رقائق الألومنيوم شديدة التحمل ، قطعة واحدة لكل جزء.

c) ضع أجزاء متساوية من المكونات على كل مربع من رقائق الألومنيوم.

d) تداخل احباط ، الختم النهايات. ضعه على شواية الشواء لمدة 45-55 دقيقة.

79. الهليون المشوي

المكونات

- 1 حزمة هليون
- 2/1 كوب خل بلسمي
- الملح اندفاعة

الاتجاهات:

a) قم بتسخين شواية الغاز من بلاكستون أو شواية الفحم. صب الخل على الهليون. اتركيه لمدة 15-30 دقيقة. للحصول على أفضل نكهة ، انقعها لمدة ساعة.

b) ضع الهليون ببطء على رف السلك العلوي في الشواية. يُطهى على درجة حرارة معتدلة إلى عالية حتى يصبح طريًا ومقرمشًا وبه علامات شواء بنية اللون.

80. فطر بورتوبيللو مشوي

المكونات

- 4 فطر بورتوبيللو
- 2/1 كوب فلفل أحمر مفروم
- 1 فص ثوم مفروم
- 4 ملاعق كبيرة زيت زيتون
- 4/1 ملعقة صغيرة مسحوق بصل
- 1 ملعقة صغيرة ملح
- 2/1 ملعقة صغيرة فلفل أسود مطحون

الاتجاهات:

a) قم بتسخين شواية بلاكستون الخارجية للحصول على حرارة معتدلة وشبكة زيت خفيفة.

b) نظف الفطر وأخرج السيقان. في طبق كبير ، اخلطي الفلفل الأحمر والثوم والزيت ومسحوق البصل والملح والفلفل الأسود المطحون واخلطيهم جيدًا. انشر الخليط فوق الفطر.

c) تُشوى على نار غير مباشرة ، أو على جانب الفحم الساخن ، لمدة 15 إلى 20 دقيقة.

81. فلفل محشي مشوي

المكونات

- 2 علبة طماطم مطهية 2/1 ملعقة صغيرة فلفل
- 2 كوب أرز مطبوخ 1 بصلة متوسطة مفرومة
- 4 علب لحم بقري مشوي ، 2 فص ثوم ، مفروم
- 1 كوب كاتسوب 8 فلفل أخضر معتدل
- 2/1 كوب ماء ورق ألومنيوم شديد التحمل
- 1 ملعقة صغيرة ملح

الاتجاهات:

a) في وعاء متوسط ، اخلطي الطماطم والأرز ولحم البقر المشوي والقطط والماء والملح والفلفل. يُحمر البصل والثوم في زيت الزيتون ويُضاف إلى المزيج. اقطع قطعة رقيقة من نهاية ساق كل فلفل أخضر.

b) أخرج جميع البذور والأغشية. اغسل من الداخل والخارج.

c) يحشو كل فلفل بقليل من خليط الأرز ويوضع على مربع من رقائق الألومنيوم شديدة التحمل. لفها بشكل آمن واطهيها على الفحم الحار لمدة 30 دقيقة. بدوره مرة واحدة.

82. روبيان محشي بيستو

تكفي 4 حصص

المكونات:
- 12 جمبريًا أو ضخمًا (10-15 عدد)
- جمبري
- 1 فلفل هلابينو تشيلي ، منزوع البذور
- كوب كزبرة بيستو
- 3 ملاعق كبيرة كراث مكعبات
- 3 ملاعق كبيرة زيت زيتون
- 1 فص ثوم صغير مفروم
- 3 ملاعق كبيرة كزبرة طازجة ، مقطعة إلى مكعبات

فرك
- صلصة الجواكامولي:
- ملعقة صغيرة ملح خشن
- 2 حبة أفوكادو منزوعة النوى ومقشرة
- رشة فلفل أسود مطحون
- عصير 1 كوب كبير من زيت الزيتون البكر الممتاز
- 1 طماطم ، منزوعة البذور ومقطعة ناعماً

الاتجاهات:

a) أشعل شواية للحصول على حرارة مباشرة متوسطة إلى عالية ، حوالي 425 درجة فهرنهايت.

b) اقطع القريدس بامتداد ظهوره لفتح المنتصف.

c) املأ فتحة كل جمبري بحوالي نصف ملعقة صغيرة بيستو. دهن القريدس المحشو بزيت الزيتون.

d) لتحضير صلصة صلصة الجواكامولي: اهرسي الأفوكادو في طبق معتدل بالشوكة. يقلب في المكونات الرئيسية المتبقية. اجلس جانبا.

e) ادهني شبكة الشواية وغطيها بالزيت. يُشوى القريدس مباشرة فوق النار حتى يصبح صلبًا وشويًا جيدًا ، حوالي 4 دقائق لكل جانب.

f) اخرجيها إلى الأطباق ورشيها بصلصة الجواكامولي.

83. الناتشوز المشوية

المكونات

- جبنة مبروشة
- طماطم
- لحم بقري بني
- الصلصا

الاتجاهات:

a) ما عليك سوى تغليف صينية الخبز بورق الألمنيوم وكومة الناتشوز. أضف ما تريد في الأعلى ،

b) غطيه وضعيه على نار متوسطة إلى منخفضة لبضع دقائق. أخرجه من النار عندما يذوب الجبن ويقدم.

84. كرات لحم الخريف

الحصص: 6

مكونات:

- 1-24 أوقية. كيس من كرات اللحم البقري (حجم $\frac{1}{2}$ أوقية) ، مقطعة إلى نصفين
- 2 بصل كبير مقطع أو مقطع
- 5 حبات تفاح مقشرة ومنزوعة البذور ومقطعة إلى أرباع
- 1-1 / 2 كوب سكر بني
- 2/1 كوب عصير تفاح
- مكونات اختيارية للتزيين: توت بري مجفف ، رمان أو تفاح

الاتجاهات:

a) يسخن الفرن إلى 350 درجة فهرنهايت. تُمزج جميع المكونات في طبق كسرولة سعة 4 لتر ، وتُغطى وتُخبز لمدة 1-1 / 2 - 1-3 / 4 ساعات أو حتى ينضج البصل.

b) يقلب من حين لآخر أثناء الطهي. إذا كنت تستخدم وعاء طبخ ، اطهيه على نار عالية لمدة 3 ساعات.

c) اقتراح التقديم: قدميها فوق القرع المخبوز أو الأرز المطبوخ.

d) تُزين بالتوت البري المجفف أو بذور الرمان أو شرائح التفاح.

85. كرات اللحم ستروجانوف

الحصص: 6

مكونات:

- 2/1 - 24 أوقية. كيس من كرات اللحم البقري مذاب
- 10 أوقية. شوربة كريمة الدجاج
- 2/1 كوب مرق دجاج أو ماء
- 10 أوقية. شرائح الفطر ، مصفاة
- 2/1 كوب كريمة حامضة
- نودلز البيض المطبوخ
- الشبت الطازج ، المفروم

الاتجاهات:

a) قم بإذابة كرات اللحم في الميكروويف 2-3 دقائق.

b) يُمزج الحساء والمرق في قدر كبيرة ويُسخن مع التحريك باستمرار.

c) تُضاف كرات اللحم والفطر وتُغطّى وتُترك على نار خفيفة لمدة 10 دقائق. أضيفي القشدة الحامضة والحرارة دون غليان.

d) يُسكب فوق المعكرونة ويُرش بالشبت.

86. كرات اللحم الكاريبي

الحصص: 6 - 8

مكونات:

- 1-24 أوقية. كيس كرات اللحم البقري
- 1 ملعقة طعام زيت نباتي
- 1 فص ثوم مفروم
- 1 حبة فلفل أخضر وأحمر مفرومة خشنة
- 1 - 14 أونصة. يمكن قطع الأناناس
- 2 ملاعق كبيرة نشا ذرة
- 3/1 كوب سكر
- 3/1 كوب خل
- 1 ملعقة كبيرة صلصة الصويا
- 2/1 كوب كاجو (اختياري)
- 4/1 كوب جوز هند محمص (اختياري)

الاتجاهات:

a) طريقة المقلاة: قم بإذابة كرات اللحم جزئيًا في الميكروويف لمدة دقيقة واحدة. قطّع كل كرة لحم إلى 3 شرائح. يُسخن الزيت في مقلاة كبيرة. يضاف الثوم والفلفل ويقلب لمدة دقيقتين.

b) تُضاف كرات اللحم وتُغطَّى وتُطهى على نار متوسّطة الحرارة لمدة 10 دقائق حتى تسخن كرات اللحم بالكامل. يُصفَّى الأناناس ويُحفظ العصير في وعاء صغير.

c) يُمزج عصير الأناناس مع نشا الذرة والسكر والخل وصلصة الصويا. يُسكب فوق مزيج كرات اللحم ويُطهى مع التحريك باستمرار حتى تتماسك الصلصة.

d) قلبي قطع الأناناس والكاجو. تُزيَّن بجوز الهند المحمَّص حسب الرغبة.

e) طريقة الفخار: استنزاف الأناناس، واحتفظ بالعصير. ضعي كرات اللحم المجمدة وعصير الأناناس والفلفل والثوم ونشا الذرة والسكر والخل وصلصة الصويا في قدر صغيرة واطهيها على نار هادئة لمدة 8 ساعات (أو مرتفعة لمدة 4 ساعات).

f) قبل التقديم تضاف قطع الأناناس والكاجو وتزين بجوز الهند المحمص.

87. كرات اللحم بالكاري

الحصص: ١٠-١٢

مكونات:

- 1 - 20 أونصة. كيس كرات اللحم البقري
- 4/1 كوب بصل أصفر مقطع إلى مكعبات
- 1 علبة حليب جوز الهند كامل الدسم
- 1 كوب مرق دجاج
- 4 ملاعق صغيرة مسحوق كاري
- 1 ملعقة صغيرة جارام ماسالا
- 1 ملعقة صغيرة زنجبيل مطحون
- عصير 1 ليمونة
- 2/1 كوب كزبرة مفرومة
- سامبال اويليك معجون الفلفل الحار (اختياري)
- رقائق الفلفل الأحمر

الاتجاهات:

a) في مقلاة كبيرة ، تذوب حليب جوز الهند والزيت ؛ نضيف البصل المقطّع ونتركه يطهى لمدة 3 إلى 4 دقائق.

b) اخلطي باقي مقادير الصلصة وأضيفيها إلى كرات اللحم ، وقلبيهم معًا تمامًا.

c) غطي المقلاة واتركيها على نار هادئة حتى تنضج كرات اللحم.

d) يرش برقائق الفلفل الأحمر قبل التقديم مباشرة. ضعي معجون الفلفل الحار على الجانب لمزيد من الحرارة.

88. كرات لحم البصل الفرنسي

الحصص: ١٠-١٢

مكونات:

- 26-1 أوقية. كيس من لحم البقر
- 1 عبوة مزيج شوربة البصل الجاف
- علبة شوربة كريمة الفطر
- 1 علبة شوربة بصل كريمة أو شوربة بصل فرنسية
- 1 علبة ماء

الاتجاهات:

a) ضع كرات اللحم في قدر الطهي البطيء من الفريزر.

b) في وعاء متوسط الحجم ، اخفقي مزيج الحساء والحساء المعلب والماء معًا. تُسكب فوق كرات اللحم وتُحرّك.

c) يُطهى على نار خفيفة لمدة 4 إلى 6 ساعات أو على نار عالية لمدة 2 إلى 3 ساعات مع التحريك من حين لآخر.

d) قدميها فوق نودلز البيض أو كفاتح للشهية مع قطع الأسنان.

89. كرات لحم القيقب

الحصص: 6-5

مكونات:

- 26-1 أوقية. كيس كرات اللحم البقري
- 2/1 كوب شراب القيقب الحقيقي
- 2/1 كوب صوص حار
- ملعقتان صغيرتان من الثوم المعمر المجفف (أو ملعقتان كبيرتان من الثوم المعمر الطازج)
- 1 ملعقة كبيرة صلصة الصويا
- 2/1 ملعقة صغيرة خردل مطحون

الاتجاهات:

a) في قدر ، يُمزج شراب القيقب مع صلصة الفلفل الحار والثوم المعمر وصلصة الصويا والخردل المطحون.

b) جلب ليغلي منخفض. نضيف كرات اللحم إلى القدر ونتركها تغلي.

c) يُترك على نار متوسطة لمدة 8-10 دقائق مع التحريك من حين لآخر حتى يتم تسخين كرات اللحم تمامًا.

d) قدميها كفاتح للشهية مع عيدان الأسنان أو فوق أرز مطبوخ ساخن.

90. فطيرة كرات اللحم الراعي

الحصص: 6

مكونات:

- 26-1 أوقية. كيس كرات اللحم البقري
- 12-1 أوقية. جرة جاهزة لحم البقر
- 16-1 أوقية. كيس خضروات مشكلة مجمدة (مذابة بدرجة كافية لتفتيت)
- علبة واحدة من الكريمة الحامضة والثوم المعمر والبطاطا المهروسة (تحتوي على 2 كيس)
- 2/1 كوب جبن بارميزان مبشور

الاتجاهات:

a) سخني الفرن مسبقًا إلى 350 درجة فهرنهايت. قم بإذابة كرات اللحم في الميكروويف لمدة دقيقة واحدة. قطع كل كرات اللحم إلى نصفين.

b) في وعاء كبير ، اخلطي أنصاف كرات اللحم والمرق والخضروات المشكلة المجمدة. يُسكب المزيج في طبق خبز مدهون بالدهون مقاس 9 × 13 بوصة.

c) تحضير أكياس الكريمة الحامضة والبطاطس المعمر مع إضافة الحليب والماء الساخن والزبدة حسب توجيهات العبوة.

d) انشر البطاطس المحضرة فوق خليط كرات اللحم.

e) رشي البطاطس بجبنة البارميزان واخبزيها لمدة 20-25 دقيقة.

91. فطيرة سباغيتي كرات اللحم

الحصص: 6-4

مكونات:

- 26-1 أوقية. كيس من اللحم البقري
- 4/1 كوب فلفل أخضر مفروم
- 2/1 كوب بصل مقطع
- 8-1 أوقية. حزمة السباغيتي
- 2 بيضة مخفوقة قليلاً
- 2/1 كوب جبن بارميزان مبشور
- 4/1 كوب جبن موزاريلا مبشور
- 26 أوقية. جرة صلصة سباجيتي مكتنزة

الاتجاهات:

a) سخني الفرن إلى 375 درجة فهرنهايت. يُقلى الفلفل والبصل حتى يلين لمدة 10 دقائق. اجلس جانبا.

b) يُطهى المعكرونة ويُصفى ويُشطف بالماء البارد ويُترك حتى يجف. ضع في وعاء خلط كبير.

c) يُضاف البيض وجبن البارميزان ويُحرّك المزيج جيدًا. يُضغط الخليط في قاع طبق فطيرة مُرشّ 9 بوصة. يعلوها 4/3 كوب جبن موزاريلا مبشور. قم بإذابة كرات اللحم المجمدة في الميكروويف لمدة دقيقتين.

d) قطع كل كرات اللحم إلى نصفين. ضعي أنصاف كرات اللحم فوق خليط الجبن. تُمزج صلصة السباغيتي مع الفلفل المطبوخ والبصل.

e) تُسكب فوق طبقة كرات اللحم. غطيها برقائق معدنية واخبزيها لمدة 20 دقيقة.

f) تُخرج من الفرن وتُرش نصف كوب جبن موزاريلا فوق مزيج صلصة السباغيتي.

g) استمر في الخبز مكشوفًا لمدة 10 دقائق أخرى حتى تصبح فقاعات. تُقطّع إلى أسافين وتُقدّم.

92. كرات اللحم الآسيوية الشبق

الحصص: ١٠-١٢

مكونات:

- 1 - 20 أونصة. كيس من اللحم البقري
- 3/2 كوب صلصة هوزين
- 4/1 كوب خل أرز
- 2 فص ثوم مفروم
- 2 ملاعق كبيرة صلصة الصويا
- 1 ملعقة صغيرة زيت سمسم
- 1 ملعقة صغيرة زنجبيل مطحون
- 4/1 كوب ترياكي جليز
- 4/1 كوب سكر بني
- بذور السمسم (اختياري)

الاتجاهات:

a) يسخن الفرن ويطهى كرات اللحم حسب تعليمات العبوة. اجلس جانبا.

b) أثناء خبز كرات اللحم ، اخفقي كل مكونات الصلصة معًا في وعاء حتى تمتزج جيدًا.

c) بمجرد الانتهاء من طهي كرات اللحم ، يمكنك إما غمس كل كرة على حدة (باستخدام عود أسنان) في خليط الصلصة ، أو يمكنك صب الصلصة فوق كرات اللحم وتقليبها برفق حتى تغطى بخليط الصلصة.

d) قدميه فوق الأرز وزينيه بالبازلاء وشرائح الفلفل الأحمر المحمص كمقبلات أو كفاتح للشهية مع أعواد الأسنان.

93. كرات لحم و صوص اسباجيتي

المكونات

- 1 كوب كرات لحم
- نصف ملعقة صغيرة ملح
- نصف ملعقة صغيرة فلفل أسود مطحون
- ربع كوب جبن بارميزان مبشور
- 1 رطل لحم بقري مفروم قليل الدهن
- 1 ملعقة طعام زيت زيتون
- 2 بصل مفروم
- 4 فصوص ثوم مهروسة أو
- 2 ثوم مفروم
- 14 أوقية صلصة الطماطم
- كوب نبيذ أحمر (اختياري)
- 1 فلفل أخضر حلو
- 1 ملعقة صغيرة من أوراق الريحان المجففة
- نصف ملعقة صغيرة أوراق الزعتر

الاتجاهات:

a) شكل اللحم على شكل كرات لحم 1 بوصة. أضف إلى طبخ صلصة السباغيتي.

b) سخني الزيت في قدر كبيرة على نار متوسطة. أضف البصل والثوم. يقلى لمدة دقيقتين. أضف المكونات المتبقية. غطيه واتركيه حتى يغلي مع التحريك المستمر.

c) ثم خففي الحرارة واتركيها على نار هادئة مع التحريك المستمر لمدة 15 دقيقة على الأقل.

94. كرات اللحم مع النودلز باللبن

المكونات

- 2 رطل لحم مفروم
- رشة فلفل كايين ، كركم ، كزبرة ، قرفة
- ملح وفلفل أسود
- 2 فص ثوم
- 1 ملعقة طعام زيت نباتي
- 1 بصلة اسبانية
- 6 حبات طماطم ناضجة - لب ،
- 4 طماطم مجففة
- المعكرونة

الاتجاهات:

a) في وعاء ، يُمزج اللحم البقري ، القرفة ، الكزبرة ، الكركم ، الفلفل الحار ، الملح ، الفلفل ، ونصف كمية الثوم.

b) بأيدٍ نظيفة ، اخلطي جيدًا ، ثم شكلي اللحم على شكل كرات لحم بحجم بوصة. ضعهم جانبا.

c) في قدر كبير ، سخني الزيت وأضيفي البصل وأضيفي كرات اللحم. اطبخ ، وقلبهم كثيرًا.

d) نضيف البندورة الخوخية والثوم المتبقي. نضيف الطماطم المجففة والملح والفلفل ويطهى المزيج لمدة 5 دقائق على نار خفيفة مع التحريك مرة أو مرتين.

e) لتحضير النودلز: يُغلى قدر كبير من الماء. أضف المعكرونة واطبخها.

f) أضيفي الزبادي والثوم والملح. قلبي جيدًا وانقلي إلى 6 أوعية عريضة.

95. ستراتشاتيل مع كرات اللحم

المكونات

- 1 لتر مرق دجاج
- 2 كوب ماء
- نصف كوب باستينا
- 1 ملعقة صغيرة بقدونس طازج مفروم
- $\frac{1}{2}$ رطل من اللحم المفروم قليل الدهن
- 1 بيضة
- 2 ملعقة صغيرة فتات خبز منكه
- 1 ملعقة صغيرة جبن مبشور
- 1 جزرة مقطعة شرائح رفيعة
- $\frac{1}{2}$ رطل من السبانخ ، الأوراق فقط
- جزء جولييبنيد
- 2 ملاعق صغيرة بقدونس طازج مفروم
- 1 بصلة صغيرة مفرومة
- 2 بيض
- الجبن المبشور

الاتجاهات:

a) في إناء للحساء ، تُمزج مكونات الشوربة وتُترك على نار هادئة حتى الغليان. اخلطي مكونات اللحم في وعاء ، وكثير من كرات اللحم الصغيرة وضعيها في خليط مرق الغليان.

b) في وعاء صغير ، اخفقي بيضتين. بملعقة خشبية ، حرك الحساء مع وضع البيض ببطء مع التحريك المستمر. ازالة من الحرارة. غطيه واتركيه لمدة دقيقتين.

c) تقدم مع الجبن المبشور.

96. شوربة كرات اللحم والرافيولي

المكونات

- 1 ملعقة طعام زيت زيتون أو زيت سلطة
- 1 بصلة كبيرة مفرومة فرما ناعما
- 1 فص ثوم مفروم
- 28 أوقية طماطم معلبة ؛ مقطع
- نصف كوب معجون طماطم
- 13 أوقية مرق لحم البقر
- $\frac{1}{2}$ كوب نبيذ أحمر جاف
- رشة ريحان مجفف ، زعتر و اوريجانو
- 12 أوقية رافيولي ؛ محشوة بالجبن
- ربع كوب بقدونس مقطع
- جبنة البارميزان؛ مبشور
- 1 بيضة
- كوب بقسماط طري
- نصف ملعقة صغيرة ملح بصل
- 1 فص ثوم مفروم
- 1 رطل لحم بقري مفروم قليل الدهن

الاتجاهات:

a) تُحمّر كرات اللحم جيدًا في الزيت الساخن.

b) يُمزج البصل والثوم ويُطهى لمدة 5 دقائق ، مع الحرص على عدم تفتيت كرات اللحم. أضف الطماطم والسائل ومعجون الطماطم والمرق والنبيذ والماء والسكر والريحان والزعتر والأوريغانو. أضف الرافيولي.

97. شوربة كرات اللحم البلغارية

المحصول: 8 حصص

المكونات

- 1 رطل لحم مفروم
- 6 ملاعق كبيرة أرز
- 1 ملعقة صغيرة بابريكا
- 1 ملعقة صغيرة مجففة
- ملح فلفل
- طحين
- 6 أكواب ماء
- 2 مكعبات مرق لحم بقري
- حفنة بصل أخضر. مقطع إلى شرائح
- 1 فلفل أخضر مقطع
- 2 جزر شرائح رقيقة مقشرة
- 3 طماطم مقشر ومقطع
- 1 سم. الفلفل الحار الأصفر ، مقسم
- $\frac{1}{2}$ حزمة البقدونس. مفروم
- 1 بيضة

- 1 ليمون (عصير فقط)

الاتجاهات:

a) يُمزج اللحم البقري والأرز والفلفل الحلو والمقبلات. الموسم الى الذوق مع الملح والفلفل. تخلط بشكل خفيف ولكن جيداً. تشكل على شكل كرات بحجم 1 بوصة.

b) يُمزج الماء ومكعبات المرقة وملعقة كبيرة ملح وملعقة صغيرة من الفلفل والبصل الأخضر والفلفل الأخضر والجزر والطماطم في غلاية كبيرة.

c) يُغطّى المزيج ويُترك ليغلي ويُخفّف الحرارة ويُترك على نار خفيفة لمدة 30 دقيقة.

98. كرات اللحم والنقانق

المكونات

- 1 رطل لحم مفروم
- 1 بيضة مخفوقة قليلاً
- ربع كوب بقسماط جاف
- 1 بصلة متوسطة مبشورة
- 1 ملعقة كبيرة ملح
- ربع كوب صوص حار
- نصف كوب عنب جيلي
- 2 ملاعق كبيرة عصير ليمون
- 1 كوب فرانكفورت

الاتجاهات:

a) يُمزج اللحم البقري والبيض والفتات والبصل والملح. شكليها على شكل كرات صغيرة. يُمزج مع صلصة الفلفل الحار وجيلي العنب وعصير الليمون والماء في مقلاة كبيرة.

b) الحرارة؛ أضيفي كرات اللحم واتركيها على نار هادئة حتى ينضج اللحم.

c) قبل التقديم مباشرة أضيفي النقانق وسخنيها.

99. كرات اللحم في مانهاتن

المكونات

- 2 رطل لحم بقري مفروم قليل الدهن
- 2 كوب بقسماط طري
- كوب بصل مقطع
- 2 بيض
- 2 ملاعق كبيرة بقدونس مفروم طازج
- 1 ملعقة صغيرة ملح
- 2 ملاعق كبيرة سمن
- 1 جرة (10 أونصة) مربى كرافت المشمش
- ربع كوب صلصة كرافت باربيكيو

الاتجاهات:

a) اخلطي اللحم والفتات والبصل والبيض والبقدونس والملح. شكليها على شكل كرات لحم بقياس 1 بوصة.

b) سخني الفرن إلى 350 درجة. تُحمّر كرات اللحم في السمن النباتي في مقلاة كبيرة على نار متوسطة ؛ بالُوعَة. ضعها في طبق خبز 13 × 9 بوصة.

c) يحرك المعلبات وصلصة الشواء معًا ؛ صب على كرات اللحم. اخبزي لمدة 30 دقيقة مع التحريك من حين لآخر.

100. كرات اللحم الفيتنامية

المكونات

- 1½ رطل من لحم البقر قليل الدهن
- 1 فص ثوم مهروس
- 1 بياض بيضة
- 1 ملعقة طعام شيري
- 2 ملاعق كبيرة صلصة الصويا
- ملعقة صغيرة دخان سائل
- 2 ملاعق طعام صلصة السمك
- 1 رشة سكر
- 1 ملح وفلفل أبيض
- 2 ملاعق كبيرة نشاء الذرة
- 1 ملعقة طعام زيت سمسم

الاتجاهات:

a) يُمزج المزيج بالخلاط أو محضر الطعام حتى يصبح ناعماً للغاية.

b) اصنع كرات لحم صغيرة على سيخ (حوالي ست كرات لحم لكل سيخ).

c) اشوي إلى الكمال.

استنتاج

عادة ما يتم حجز المقبلات للوجبات الرسمية وعندما يأتي الضيوف. وهي تقليديا غنية بالسعرات الحرارية وغالبا ما تكون مقلية. ومع ذلك ، فإن الوجبة التي تتكون من عدد قليل من المقبلات الصحية يمكن أن تكون بديلاً متنوعًا وممتعًا لوجبة رئيسية كبيرة غير صحية.

لقد تم تجهيزك في هذا الكتاب بوصفات للمقبلات ، وهي أكثر صحة من المقبلات التقليدية. ستلاحظ أن الصلصات مصنوعة من الفواكه والخضروات ، مما يعطي هذه الأطباق ألوانًا جريئة ، مع الحفاظ على نسبة الدهون والصوديوم منخفضة نسبيًا.

www.ingramcontent.com/pod-product-compliance
Lightning Source LLC
Chambersburg PA
CBHW071605080526
44588CB00010B/1027
* 9 7 8 1 8 3 7 6 2 1 4 7 7 *